누가 나를 진짜로 만나주실 건가요에
답하는 어른이 되었으면 좋겠습니다.

김 혜 누

요즘 아이들
마음고생의 비밀

더 힘들어하고
더 많이 포기하고
더 안 하려고 하는

요즘 아이들
마음고생의 비밀

김현수 지음

해냄

아이들은 왜 이 시대를 이렇게 괴로워하는가?
요즘 아이들은 왜 더 힘들어하고 고생스럽다고 할까?
아이들의 짜증, 포기, 분노, 울분은 어디서 오는 걸까?

이 책을 보고 부끄러웠다

요즘 아이들을 도무지 이해할 수 어렵다는 어른들의 말을 자주 듣는다. 그 말들엔 아이들의 생각과 행동을 도저히 받아들이기 어렵다는 답답함과 짜증이 담겨 있다. 하지만 정말 답답하고, 짜증이 잔뜩 나 있는 것은 아이들이다. 아니다. 아이들은 짜증도 내지 않는다. 체념하고 입을 닫는다. 공연히 화를 내봐야 손해는 자기 몫임을 잘 알고 있다.

서로를 이해하길 점점 포기해 가는 부모와 아이들 사이에서 답답해만 하는 나는 이 책을 보고 부끄러웠다. 김현수 선생님의 책은 절절하다. 그의 삶이 지닌 열정은 책에 담긴 활자에까지 배어나온다. 그는 진심으로 아이들에게 미안해하고, 아이들에게 희망을 주려 한다. 그렇다. 지금 우리의 자리가 바로 여기라면 이곳에서 시작해야 한다. 다시 제대로 희망을 만들어야 한다.

— 서천석 | 소아청소년정신과 전문의

우리 아이들의 현실을 적확하게 보여준다

● 김현수 선생님이 우리 아이들의 삶과 현실에 대해 던지는 진단은 적확하고 엄중하다. 약물중독, 게임중독, 중2병, 교사상처, 무기력의 비밀 등 시기마다 아이들을 둘러싼 사회 문제를 아프지만 분명하게 드러내 보였다. 이는 그가 정신과 의사로서 만난 아이들에 대한 정확한 경고와 처방이 담겨 있어 주목하지 않을 수 없다.

이 책에서 다룬 아이들의 마음고생은 귀를 활짝 열고 들어야 할 외침이다. 흔히 '어릴 적 고생은 사서 한다'면서 아이들의 힘듦을 모른 척하거나 '요즘 아이들은 고생을 모른다'면서 아이들의 괴로움을 생각하지 못한다. 그런데 이 책에서 요즘 아이들이 힘들어하고 괴로워하는 현실을 생생하게 확인하면서 몇 번이고 가슴을 쳤다.

이 책은 아이들이 겪는 고생과 괴로움을 드러내는 데에만 그치지 않는다. 새로운 행복, 새로운 사회를 위한 담론을 함께 만들어가자고 제안한다. 그러면서 아이들 가슴속 희망의 불꽃을 지피는 점화술을 제시하고 있다. 이러한 그의 제안과 해결책이 우리 아이들을 마음고생에서 벗어나게 하고 살려내리라 믿는다. 어른들이 이 책을 많이 읽고 서로 권했으면 한다.

— 최창의 | 경기도 율곡교육연수원 원장

한국의 위니캇, 김현수 선생님

● 기다림 속에 여전히 빛나는 희망! 아이가 성숙하려면 충분히 좋은 환경을 제공하고, 품어주고, 버텨주고, 성장에 필요한 적절한 자극을 주고, 시간이 필요하다고 했던 위니캇! 치료자가 희망을 잃지 않을 때 좋은 치료가 된다고 한 위니캇! 김현수 선생님은 한국의 위니캇이 틀림없다.

반성문으로 시작된 첫 페이지에서 울컥했다. 우리 청소년들의 마음을 있는 그대로 읽어주고 유일하게 그들의 편에 서 있는 최고의 치유자인데, 반성에 앞장서다니!

힘든 아이들의 생각과 감정을 이렇게 정확히 읽어내고, 희망적인 치유법까지 제시한 김현수 선생님이 이 시대에 우리와 함께 있어서 참으로 다행이며 무척 든든하다.

아이들의 그 깊은 내면의 낱낱을 들여다본 놀라움과 충격은 고통스럽기까지 하다. 하지만 이 시대의 어른으로, 부모로, 선생님으로 아이들의 아픔과 상처를 이해하고 품어내고 견뎌내야 할 것이다. 이 절박한 현실에서 이생망으로 살고 있는 우리 아이들의 현실을 참담한 심정으로 읽어나가는 고통 속에서도 끝까지 포기할 수 없고, 잃어버릴 수 없는 한줄기 희망을 발견하고 또 힘을 얻게 된다.

이 책의 뒷부분에 가서야 비로소 고통에서 벗어나 숨통이 트인다. 우리가 사랑하는 아이들을 이해하고, 그들을 덜 힘들게 하고, 그들을 살릴 수 있는 방법들이 있으니까. 어른인 우리가 하면 되는 것이니까!

끝으로 바라건대, 우리 시대 힘든 아이들의 생명을 구할 수 있는 이 책을 부모들의 필독서로 지정해 주면 좋겠다. 부모들이 읽고, 아이들을 이해하고 아이들이 원하는 형태로 아이들의 편이 되어주는 것이 가장 필요한 일이므로.

— 최은숙 | 경기도 선부중학교 교장

어른들이 써야 하는 반성문의 정석

● 단어 하나하나에 담겨 있는 우리 아이들의 고통이 마음속으로 파고들어온다. 아이들이 이 세상을 고생과 괴로움으로 가득 찬 불행의 늪으로 만들어버린 어른들과 함께 살아가 준다. 복에 겨운 건 아이들이 아니라 어른들이다. 당신이라면 함께 살아가겠는가? 복에 겨운 어른들이 가장 먼저 해야 할 일은 아이들에게 미안해하고, 고마워하며 반성문을 쓰는 것이다.

이 책은 우리들이 써야 할 반성문의 초안이자 정석이다. 대한민국 어른들의 반성문이 넘쳐날 때 우리는 낡은 시대의 철학과 담론을 떨쳐버리고, 이 책에서 제시한 새로운 행복 담론을 만들어갈 수 있다. 이것이 우리가 이 책을 읽어야 할 이유이다.

— 고원형 | (사)아름다운배움 대표

아이들의 마음에 다가갈 수 있도록 용기를 주는 책

● "천사가 하늘을 날 수 있는 것은 마음이 가볍기 때문이야." 이 책을 읽는 내내 특별한 천사가 되지 못해 스스로 희망의 불을 끄고, 깊은 곳에 문을 걸고 들어가 있는, 마음이 무거운 아이가 내 아이의 모습일 것 같아서 많이 울었다. 나도 모르게 아

이에게 전하는 메시지가, 가족과 사회가 아이에게 보여주는 모습이 아이를 무기력의 세계로 빠지게 하는 것 같아서 더 마음이 아팠다.

아이들은 수치심, 외로움, 불안에 휩싸여 자신을 봐달라고 온몸으로 고생을 이야기한다. 그들을 위해 부모인 우리가 해야 하는 선택은 다름 아닌 '어른'이 되어 기꺼이 눈을 맞추고, 귀를 열고 함께 해주는 것이 전부인지도 모르겠다.

'이생망'을 외치는 우리 아이들을 위해 희망의 불씨를 살려보자는 진정성 있는 목소리에 화답하고 싶다. 부디 이 책이 대한민국 가정 안에서 스스로 고립을 선택한 아이들의 마음을 열 수 있도록 그 마음의 문에 손잡이를 달게 해주고, 부모에게도 자녀에게 다시 한 번 다가갈 수 있는 용기와 힘을 주기 바란다.

― 박에스더 | 비상품 엄마독서모임 대표

교사로서의 내 모습을 돌아보게 한다

● 자주 밑줄을 그었고, 더 자주 코끝이 찡해졌으며, 매우 자주 그동안 인연을 맺었던 아이의 얼굴이 마음에 머물다 갔다. 책을 덮으며 그동안 아이들을 만나온 세월 속에 교사로서의 내 모습을 찬찬히 돌아보았다.

즐겁고 행복했던 만큼 마음고생도 깊었던 나에게 나는 말한다. 아직 어른이 되지 못한 아이가 내 안에 살고 있구나, 그런 내가 아이들을 만나 '되어가는 도중인 어른'의 말을 하려고 애썼구나. 그래서 때때로 나도 아이들도 힘들었던 건가 봐. 그렇지만 우리는 그때 그 순간을 최고로 최선을 다해 살아냈지. 그래, 우리는 더 잘해보고 싶었고, 그렇게 우리가 함께 한 고개를 넘어 온 거야. 그리하여 지금에 이르렀지. 잘했어. 괜찮아. 다시 또 한 걸음, 너의 곁에 함께 삶으로.

― 이선영 | 참여소통 교육모임 교사

어른으로서 정말 미안합니다

지구상에서 민족의 종말을 예고받은 첫 번째 사회가 '우리'라는 이야기를 들었습니다. 암담하고 착잡합니다. 그리고 우리 아이들은 더욱 불행하게 살아가고 있습니다. 어른들인 우리가 잘 모르고 있을 뿐이지요. 불행은 더 일찍, 더 많이, 더 깊게 아이들에게 상처를 주고 있습니다.

아이들이 자신의 인생을 찾아나서기 위해 시도할 수 있는 모든 아름다운 일은 현재도 '입시'라는 대가를 치르지 않고서는 불가능합니다. 중요한 무엇인가를 포기해야만 가능합니다. 여전히 말입니다.

입시, 대학, 학력, 학벌 문제는 아직도 강대한 영향과 세력으로 이 땅의 아이들을 포위하고 있고, 우리는 더 기괴해진 '공부' 그리고 '시험'이라는 괴물로부터 여전히 아이들을 구해내지 못합니다.

"이 헛된 시달림에 어떻게 종지부를 찍을 수 있을까요?"

우리는 아이들의 물음에 답을 하지 못하고 있습니다.

책, 여행, 우정, 만남의 즐거움을 누리면서, 정의와 행복 그리고 인류에 헌신하고 기여할 꿈을 꾸면서, 위대한 자연의 품에 제대로 안길 기회를 누

리고, 삶의 진리를 진지하게 토론할 수 있는 시간을 한껏 갖고, 창의성을
발휘할 열정의 장을 펼치며 살아가는 길은 여전히 멀리 떨어져 있습니다.

어른으로서 정말 미안합니다.
참 미안합니다.
이 정도 반성으로는 부끄러움을 지울 수 없습니다.
무언가 우리가 더 할 일을 찾아야 합니다.
그러므로 다시 희망을 더 견고하게 만들어야 합니다.

고등학교를 마치는 한 학생이, 크면서 배운 것은 여러 아픔뿐이라면서
서글프게 소리없이 울던 날이 있었습니다.
"초등학생 때는 수치심을 배웠고, 중학생 때는 외로움에 시달렸고, 고등
학생 때는 온갖 불안에 휩싸였어요."

마음이 많이 아픕니다.

이 시대의 아이들이 힘들어하고 아파하고 괴로워하는 문제들을 들으면서 마음이 많이 아픕니다.

깊이 반성합니다.

사과합니다.

미안합니다.

그래서 지금 우리 아이들이 하고 있는 '큰 마음고생'을 알리기 위해 이 책을 썼습니다. 제대로 전달하려고 노력했으나 아마 아이들의 마음을 온전히 담지는 못했을 것입니다. 우리 아이들이 무엇을 바라는지도 전하려고 노력했지만 현실 모두를 그대로 글에 담을 수 없어 아쉽습니다. 현실 그대로를 담는 것은 불가능하니까요. 최대한 현실을 담고자 노력해 보았습니다.

많은 아이들이 최선을 다해 지금을 살아내고 있습니다. 아이들은 할 수 있는 한 온 힘을 다하고 있습니다. 그러므로 우리가 해야 할 일은 훨씬 더

많이 격려하고 응원하며, 어른답게 아이들을 대하고, 손을 내밀고, 기다려 주는 것입니다.

"다른 나라 아이들은 살 만하다고 그러더라. 다른 나라 아이들은 이런 것을 배운다고 하더라. 다른 나라 아이들은 행복해하더라."

이런 이야기 그만하고, 우리도 이렇게 이야기해 봤으면 좋겠습니다.

"기발하고 창의적인 놀이터, 상상력을 자극하는 멋진 도서관, 지구 밖으로 나갈 듯한 학교 건물, 자유가 넘치고 예술성이 가득한 교육과정들을 우리에게서 배워가라. 우리 아이들은 너무 행복해한다."

그런 날이 올 수 있게 해보자는 결의와 희망을 다시 마음에 담고 이 글을 썼습니다. 분투하는 모든 아이들, 선생님들, 부모님들께 바칩니다.

2019년 3월

김현수

왜 요즘 아이들이 더 힘들어할까?

하나, '고생'이라는 단어와의 만남

"선생님, 정말 힘들고 괴로워요. 저는 너무 어릴 때부터 고생만 실컷 하는 것 같아요."

상담하는 6학년 아이의 입에서 '고생'이라는 말이 툭 뱉어졌습니다. "어릴 때부터 고생만 실컷 하는 것 같아요"라는 말이 머릿속에 맴돌다 가라앉았습니다.

정말 열심히 공부하는 아이였는데, 확인하고 체크하는 강박이 생겨서 저를 찾아왔습니다. 공부를 조금 쉬면 좋겠으나 그것이 불가능하였습니다. 아이의 이야기를 듣고 나니 정말 힘든 생활을 하고 있다는 것을 알게 되었습니다. 그리고 그런 생활은 이미 오래전부터 시작되었습니다.

"어른들만 고생하는 것이 아니에요. 요즘 젊은이들이 내면이 얼마나 힘든지, 마음고생을 얼마나 하는지를 어른들이 알아주어야 해요. 어른들만 고생했고, 아이들은 고생을 안 한다. 너희들이 할 고생을 우리가 이미 다 했으니, 너희들은 할 고생이 없다. 이렇게 말한다면 정말 공감을 못하는 어른이 되는 것입니다."

2017년 초 일본 홋카이도 의료복지대학 사회복지학과 교수이자 초창기부터 '베델의 집'에 기여해 왔던 무카이야치 이쿠요시 교수와의 대담에서 나눈 이야기입니다.

"지금의 아이들은 할 고생이 없다. 무엇이 고생이냐?"

이런 이야기들을 자주 듣습니다. 어른들이 요즘 젊은이에게 흔히 갖는 불만이 '고생 없이 커서 어려움을 모른다'는 것인데, 무카이야치 교수는 이렇게 말하면 안 된다고 강조해서 지적했습니다. 각자의 시대에서 각각의 고생을 하면서 살아가고 있을 뿐입니다. 그 시대의 젊은이들에게도 그 시대의 어려운 문제들이 한없이 어렵습니다.

"아이 키우는 것보다 더 큰 고생은 없습니다."

진리를 깨우치려면 종교적 수행보다 자녀를 키우는 것이 더 빠를지도 모른다는 이야기가 있습니다. 요즘 아이 키우기가 정말 힘들다고 합니다. 다른 어떤 것보다 큰 고생이 자녀를 키우는 것이라는 한탄이 나오는 이유는 뭘까요?

우리 사회에서는 아이를 낳고 키우는 과정이 참 어려워졌습니다. 그래서 부모님들은 자녀 키우는 어려움을, '고생'이라는 말을 빌려 매일 한탄합니다. 그렇게 아이들도 부모님들도 삶이 힘겹다는 이야기를 합니다. 물론 제가 진료실에서 부모, 아이들, 선생님들을 만나서 어려운 점에 대해 더 많이 자주 듣기 때문에 그럴 수 있습니다.

그러나 제일 놀라운 것은, 아이들도 스스로 인생을 고생스럽게 생각하고 아주 어렸을 때부터 힘든 일들을 겪고 있다고 이야기하는 것입니다.

'고생'이란 단어를 『표준국어대사전』에서 찾아보니, 이렇게 적혀 있습니다.

고생(苦生) 「명사」 어렵고 고된 일을 겪음. 또는 그런 일이나 생활.

이 단어는 어렵고 고된 일을 하며 생활하면 남녀노소 누구나 사용할 수 있겠지만, 그래도 어른들이 독점적으로 써온 것은 사실입니다.

이 시대의 아이들도 고생하고 삽니다. 다만 어른들과는 다른 고생을 하고 자랄 뿐이지요. 그리고 아이들이 자신들의 고생도 알아달라고 합니다.

아무 고생 없이, 특별한 수고를 치르지 않고, 성장하고 성숙하는 일은 없습니다. 성장과 성숙에는 모두 고생의 요체들이 들어 있습니다. 그러므로 이제부터 아이들의 고생도 알아주어야 합니다. 아이들도 작고 큰 고생, 특히 마음고생을 많이 하며 살고 있는데 이는 어떻게 생겨날까요?

이 책을 통하여 아이들이 어른과는 어떻게 다른 고생을 하는지 설명하고자 노력해 보았습니다. 요즘 아이들 마음고생의 비밀, 그 비밀을 공유하려고 합니다. 마음의 문을 열고, 함께 아이들이 어떻게, 얼마만큼 고생하는지 들어주세요.

둘, 분노와 울분은 그래도 낫다

아이가 화를 내고, 짜증을 내고 있다고요? 그렇다면 아직 다행입니다. 아이들은 자신들의 고생에 대하여 화나고 분한 마음을 지닙니다. 힘드니까 당연하겠지요. 그래서 이 책에서 고생에 대하여 이야기하면서 가장 많이 담아낼 수밖에 없는 것이 바로 아이들의 '화'와 '울분'입니다.

고생하는 초기에 아이들은 화와 울분으로 반응합니다. 이것은 건강한 반응이라고 할 수 있습니다. 힘든 일을 부여받은 아이가 화를 내지 않고 묵묵히 그 일을 해내기만 한다면 오히려 걱정할 만한 또다른 중요한 이슈들이 있다고 생각하는 사람들이 많습니다.

정신분석가이자 소아과 의사인 도널드 위니캇(Donald Winnicott)은 이런 순응이 '거짓 자기'와 관련되어 있으며, 그래서 평생 마음을 숨기고 사는 사람이 될 수 있다고 했습니다. 우리나라에도 다녀간 적이 있는 정신분석가 마이클 아이건(Michael Eigen)은 무기력한 아이들의 반응에는 정신적 죽음이 있다고 했습니다. 정신분석가들 다수는 분노와 울분 안에는 희망이 담겨 있고, 포기와 무기력 안에는 희망이 말라죽어 있다고 생각합니다.

제가 『무기력의 비밀』에 이어 쓰는 이 책에는, 우리 아이들이 뜻밖에 너무나 큰 고생을 하고 산다는 이야기와 함께 그 속에 담긴 아이들의 분노와 울분을 담고 있습니다. 아이들이 고생 끝에 선택하고 적응하는 퇴행적 방식, 병적 상태가 바로 '무기력'이라고 할 수 있지요. 그래도 울고불고, 난리치고 화내고 짜증내고 싸우면서 지내는 것은 무기력한 상태에서의 고착, 즉 많은 것을 포기하고 단념, 체념하고 지내는 것은 아닙니다.

청소년기의 어려움에 가장 낙관적인 치료자라고 불리는 위니캇은 심지어 반사회적 행위에도 희망을 발견했지만, 무기력, 감정 없는 둔마 상태에서는 희망을 발견할 수 없다고 했습니다. 그러므로 이 책은 『무기력의 비밀』의 프리퀄에 해당한다고 할 수 있습니다.

"분노와 울분, 그뿐입니다."

어느 날 상담하러 온 고등학생 한 명이 한참을 이야기한 뒤 이렇게 말했습니다. 저는 속으로 '그래도 참 다행이다'라고 생각하며 아이의 분노와 울분을 받아내고자 노력했습니다. 그 친구는 자신이 무엇으로부터 분노하고, 어떻게 울분을 갖고 있는지 충분히 이야기했습니다. 그리고 한두 가지는 개선책을 찾았고, 또 어떤 부분은 체념하기로 했고, 또 어떤 부분은 여전히 너무 화가 나서 그 순간에는 정리할 수 없었습니다. 하지만 이런 과정을 통해 진척되고 있습니다.

아이들의 짜증과 화에 넌더리가 난다는 어른들의 이야기를 자주 듣습니다. 맞습니다. 어른들이 아이들의 끝없는 공격에 시달리는 나날들이 많이 있지요. 지치고 힘든 일입니다. 하지만 그 공격을 잘 버티고 견뎌내면 아이들은 어느 날 훌쩍 자라 있습니다. 위니캇은 특히 아이들의 공격을 받아주는 어른들의 품이 아이가 어떻게 자라날 것인지에 결정적 영향을 준다고 했습니다.

그래서 분노하고 울분에 찬 아이들, 즉 삶의 에너지가 식지 않고 뿜어내는 에너지가 있는 아이들과는 아직 함께할 일들이 꽤 있습니다. 근본적으로는 힘이 덜 듭니다. 힘의 방향을 바꾸어주면 되니까요. 반면 이미 삶의 에너지가 싸늘하게 식은 무기력한 아이들과는 더 많은 힘든 과정을 겪어내야 합니다. 식어버린 에너지를 다시 덥히기 위하여 써야할 에너지도 훨씬 크고, 우리의 에너지를 그만큼 주어야 합니다. 그러므로 무기력해지지 않는 전 단계로서의 분노와 울분은 환영입니다.

셋, 행복과 희망으로 전환하기

고생, 분노와 울분, 책의 서두부터 힘든 이야기를 꺼내니 다소 감정이 격앙되는 것 같습니다. 독자분들의 마음이 불편할 것 같기도 합니다.

다소 엉뚱하지만 철학, 특히 행복에 관한 담론 이야기로 마무리하려고 합니다. 그 이유는 '고생 끝에 낙이 온다'는 희망 때문입니다. 행복 때문에 고생하는데, 그렇게 해봤자 행복이 없다면 고생할 이유가 없겠지요.

아이들은 이 고생을 거쳐 얻게 될 행복에 대해 묻습니다. 그런데 그 답을 제시하는 어른도 부족하고, 많은 어른들이 돈과 가족들끼리 부유하게 사는 것 다음의 행복에 대해 잘 모릅니다. 그래서 고생 후 만나게 될 행복에 대한 이야기가 꼭 필요합니다.

질문: 이 고생과 괴로움을 줄이려면 무엇을 해야 할까요?
답: 새로운 행복, 새로운 사회를 위한 담론을 함께 만들어가야 합니다.

저는 철학자도 아니고 사회학자도 아닌 정신과 의사이긴 하지만 시대의 정신이나 담론은 사람의 태도나 마음가짐에 대한 큰 치유의 힘이 있다고 봅니다. 지금은 우리를 고생시키는 전 시대의 철학에 맞설 수 있는 이 시대의 행복 담론이 절실하게 필요합니다. 그런 행복 담론으로 마음을 모아나가면, 우리들의 고생과 괴로움은 줄어들 수 있을 것입니다.

살아가는 방식과 인생 궁극의 행복에 대한 생각이 달라지면, 불필요한 고생과 불합리한 괴로움에 머무르겠다는 사람들이 사라져갈 것입니다. 그 과정이 쉽지는 않을 것입니다. 대상관계 이론의 대모인 정신분석가 멜라니 클라인(Melanie Klein)의 말처럼 시기심의 힘은 행복의 힘보다 큰 탓인지, 이전 시대의 담론을 쥐고 있는 사람들이 다음 세대의 사람들에게 마이크를 잘 넘겨주지 못하는 일은 흔히 일어납니다.

아이들과 함께하는 우리들의 고생과 괴로움에는 지금은 불행이 된, 낡은 시대의 철학과 담론이 담겨 있습니다. 오래전에는 진실이었겠지만 지금의 시대에는 불행의 늪이 되었습니다. 자신의 삶에서 입증된 진리라도 언제나 진리일 수는 없다는 것, 자신의 자식 세대에서부터 벌써 진리가 아니라는 사실을 받아들여야 하는 것은 역사의 잔혹함이라고 할 수도 있습니다. 그래서 내 진리가 타인들에게 고통이라는 것을 우리는 먼저 받아들여야 합니다.

과거의 진리가 진실의 거울 앞에서, "지금도 내가 제일 옳지 않니?"라고 물을 때 그 거울은 "아니, 지금은 너무 추해, 이제는 아냐. 그래서 아이들이 저렇게 고통스러워하고 괴로워해"라고 말하고 있습니다.

물론 담론과 철학의 문제만은 아닙니다. 현재의 체제 하에서 경제적 이익을 마음껏 누리는 산업 구조, 천박한 자본주의가 쌓아올린 장벽도 높습니다. 이것들도 행복 담론을 방해하는 철옹성 같은 조직들입니다. 현대 산업구조는 다수가 행복하지 않고 소수만 행복해하는 피라미드 사회를 원하는 것 같습니다. '변별력' 같은 말로 서열과 격차를 유지하기 위한 끝없는 시도를 합니다. 그래서 차별을 만들어냅니다. 차별과 격차가 줄어들지 않는 사회를 조직하는 데 일조하는 일은 불행을 생산해내는 것과 같은데도 말입니다.

끝으로 아이들을 덜 고생시키고 덜 괴롭게 하자는 것을, 더 편하고 더 쾌락적으로 살게 하자는 것으로 오해하는 분들은 없으리라 생각합니다. 우리 아이들에게, 돈으로 다 해결하려고 했던 세상에서 돈이면 다 되는 것이 아니라는 사실을 알게 하고, 밤낮없이 머리만 돌리면 될 줄 아는 것에서 몸도 필요하다는 사실을 알려주고, 부모가 모든 것, 심지어 생각마저 대신해주던 대리 세상에서 스스로 해낼 줄 알게 해야 합니다. 또 1등만 알아주는 세상에서 모두를 알아주는 세상으로 가자는 것입니다. 어떤 아이들은 또다른 고생이라고 할지도 모르겠습니다.

새로운 행복 담론의 지향을 요즘 사람들이 말하는 '워라밸'처럼 이름을 붙인다면 '몸마밸'(몸과 마음의 밸런스) 정도가 될 것 같습니다.

이 책을 쓰기 위해 숱한 날을 끙끙대다가 어느 날 아침, 철학과 담론이 우리를 다시 부흥시킨다는 생각이 들었고, 이 이야기를 꼭 하고 싶었습니다.

"우리 아이들이 겪는 현재의 고생과 괴로움은 아이들을 행복하게 하지 않습니다. 아이들의 행복을 위해서는 달라져야 합니다."

이런 외침을 담은 이 책이 철학과 담론을 만드는 데 밑거름이 되었으면 합니다. 이 책이 새로운 행복 담론으로 가는 징검다리 중 한 개의 돌덩이라도 되었으면 좋겠다는 간절한 마음뿐입니다. 독자 여러분의 행복담론과 그 실천이 우리들의 고생과 괴로움을 줄여줄 것입니다. 그럼 이 책의 이야기들을 잘 읽어주세요. 감사합니다.

2019년 3월
김현수

차례

추천의 글 6

반성문 어른으로서 정말 미안합니다 10

프롤로그 왜 요즘 아이들이 더 힘들어할까? 14

 1장 신고생론 "나, 힘들어"

다른 세상에서 온 아이들 29

요즘 아이들, 너무 고생스럽다 32

마음고생의 침전물, 울분 40

마음을 전하는 쪽지_ **세 가지 소원** 43

 2장 어른들은 잘 모르는 요즘 아이들

가능하면 '안 하려고' 하는 세대 47

저성장 불완전고용 시대의 자아 52

지난 십 년, 잘 될 것이라는 이야기를 들은 적 없다 55

답답하게 막힌 사회에서 자란다는 것 57

사회의 위협에 몸부림치다 62

마음을 전하는 쪽지_ **요즘 아이들의 마음** 65

3장 희망의 상실 "이번 생은 망했다"

요즘 아이들의 새로운 비명, '이생망' 71

시대의 상처는 아이들에게 희망을 빼앗아가는가? 76

'망한 감정'은 어떻게 만들어지는가? 80

이생망의 고통에 대한 여섯 가지 방어 87

마음을 전하는 쪽지_ **대통령께 드리는 편지** 96

4장 자유의 상실
"아무것도 내 마음대로 할 수 없다"

"특별한 아이가 아니어서 죄송합니다" 103

아이가 종교가 된 나라 110

외로움이 가장 큰 아픔인 시대 113

부모에게 줄 수 없는 선물, 1등 성적표 118

마음을 전하는 쪽지_ **어른들이 꼭 풀어봐야 할 울분 퀴즈** 122

5장 공감의 상실

"그때 나는 마음에서 부모를 잃었다"

나를 잘 알지도 못하면서 127

아이들과의 공감은 왜 어려운가? 133

"배고픔보다 외로움이 더 큰 상처다" 136

유혹에 빠지고 중독된 아이들의 생활 139

미워하면서도 부모에게 의존하고 싶은 이유 146

소수만 챙기는 사회, 아이들은 더 빨리 포기하고 있다 148

마음을 전하는 쪽지_ **아이들을 화나게 만드는 것들** 151

6장 체험의 상실

"공부 말고 해본 일이 없다"

가족보다 시험이 먼저 155

입시공부에 감금당하다 163

몸의 상실_ 점점 한정되고 줄어드는 움직임 165

시공간의 상실_ 여행과 함께 사라진 것들 168

독서의 상실_ 너는 없고 나로 가득 찬 세상 173

타인의 상실_ 갈수록 사람을 만나기 힘들어진다 177

마음을 전하는 쪽지_ **우리들은 화난다** 180

7장 아이를 이해하고 지지하는 마음의 점화술

마음의 만남부터 시작하세요 185

세대 간 차이를 이해해 주세요 192

호감과 관심으로 아이와 연결하세요 201

지적하지 말고 염원해 주세요 208

아이의 긍정성을 발견해 주세요 213

어른부터 의미 있는 삶을 사세요 219

마음을 전하는 쪽지_ 사춘기 아이들에게 어른으로서 전하는 말 226

아이와 멀어지는 대화법 vs 아이와 가까워지는 대화법 227

8장 아이들 가슴속 희망의 불꽃을 피우는 사회 만들기

지금이 조지 오웰의 1984 233

어른들이 싸워야 한다 236

아이들로부터 건강한 독립을 추구해야 할 때 241

함께 행복한 사회를 꿈꾸며 245

마음을 전하는 쪽지_ 희망을 갖게 해주세요 248

에필로그 아이들에게 희망을 심는 어른이 되기 위하여 249

책을 내면서 한 번이라도 더 아이들의 이야기를 듣겠습니다 261

더 읽어보기 한국은 심리적 위험사회의 증거이다 265

참고문헌 281

1장 신고생론

"나, 힘들어"

"사랑만 다루는 것이 아니라
증오도 다룰 줄 알게 하는 것이
부모의 역할이고 치료자의 역할이다."

— 도널드 위니캇

다른 세상에서 온
아이들

바뀐 세상에서 받는 다른 상처

대체로 아이들은 기분이 좋지 않은 상태로 와서, 세상살이에 유쾌한 것이 하나도 없다는 듯이 상담을 하고 난 뒤, 서로 너무 허무하지 않기 위하여 조금은 의미가 있었던 시간이라고 정리하고 돌아갑니다.

그 아이들 마음속 이야기 중 일부를 여러분들과 함께 나누어보려고 합니다. 일종의 세대를 통역하는 일이라고 할 수도 있습니다. 이미 진료실에서는 많이 하고 있습니다만.

- 배고픔보다 외로움이 더 큰 상처다.
- 수학으로 쌓아올린 지옥에 갇혀 산다. 그러나 곧 탈출할 계획이다.
- 가장 시급한 자유는 안 할 수 있는 자유다.

• 어떤 날은 숨쉬기도 불편하다. 그래서 죽을 것 같다.

아이들이 비교적 흔하게 하는 이야기들 중 일부입니다. 듣다 보면 놀라고, 또 듣고 난 뒤 걱정이나 한숨이 앞서는 이야기들을 진료실에서 주의 깊게 듣고 있습니다. 무언가 세상이 바뀐 것은 틀림없습니다. 확실히 아이들의 태도가 바뀌었고 주장도 바뀌었습니다.

아이 자신들이 받는 상처의 종류도 달라졌다고 합니다. 그리고 대한민국 부모들이 목숨처럼 소중히 여기는 성적도 과감히 집어던지고 포기하겠다는 아이들이 즐비합니다. 아니 이미 일찍부터 포기가 아니라 단념했다고 말하는 아이들도 많습니다.

무언가를 '더' 하겠다는 아이들은 없고, '덜' 하게 해달라는 아이들로 가득 찼습니다. 체구도 건장하고 멋진 모습을 하고 있어 겉으로는 말짱한데, 숨 쉬기도 불편하다고 하고, 그래서 '죽고 싶다'는 기분에 휩싸여 산다고 합니다.

아이들은 억지로 살고 있다고 힘주어 심각하게 말하다가도 카카오톡이나 페이스북 메신저를 보고 까르르 웃다가 또 막 욕을 퍼붓기도 하며 현실과 와이파이 연결의 경계 사이에서 들락날락합니다. 저는 이 아이들의 고통과 화, 우울 등이 어떻게 구성되고 작동하는지를 알기 위해 아이들의 이야기를 열심히 듣고 있습니다.

'그런데 요즘 아이들은 도대체 왜 이러는 거지?'

이런 당혹스러운 상황은 아이들만의 문제가 아닙니다. 우리는 지구 온난화를 포함하여, 전에 없던 온갖 일들을 겪으며 적응에 힘겨워하고 있습니다.

우리나라가 출산율 세계 최저 국가가 되었다는 뉴스가 들립니다. 웬만한 정책을 펴서는 부동산 가격은 내려가지 않습니다. 강경파 학벌 추구 부모들은 세상이 어떻게 바뀔 줄 몰라도 학원은 다녀야 한다는 변치 않는 투지를 불태웁니다. 다가올 미래가 그저 예전과 같이 돌아갈 것이라는 단순한 마음으로 살아가고 있습니다.

그러나 그들도 그러한 세상을 편히 기다릴 수는 없습니다. 집에서는 아이들을 통해, 직장에서는 젊은 직원들을 통해 사뭇 달라진 세태를 느낍니다.

우리는 과거에 알고 있던 법칙과는 다른 방식으로 작동하는 사회에 깊숙이 진입해 있습니다. 기성세대와는 사뭇 다른 세상에서 다른 배경으로 아이들이 성장했다는 것, 그것은 그들이 다른 세상에서 온 사람들과 같다는 뜻이기도 합니다.

요즘 아이들,
너무 고생스럽다

고생의 재발견

2017년 초에 일본 홋카이도 우라카와에 있는 '베델의 집' 견학 프로
그램에 참여했습니다. 베델의 집에서 오랫동안 일했던 무카이야치 이쿠
요시 교수와 대담을 나누었습니다. 이런저런 이야기 중 젊은 사람들의
분노와 무기력에 대한 이야기가 있었는데, 그는 이렇게 말했습니다.

일본 어른들은, 아이들이 정말 고단하게 살고 있고 여러모로 고생하면
서 크고 있다는 사실을 한참 지나서야 알기 시작했어요. 물론 아직도
그것을 인정하지 않는 기성세대들이 있기는 하지만요.
학교를 안 가고, 집을 나서지 못하는 이유들이 모두 아이들의 문제라
고 생각했어요. 그들이 약하기 때문이라고 생각했지요. 우리가 아이들

을 약하게 키우고 있다는 사실은 나중에 알았고, 마을과 확대가족과의 단절 속에서 지금의 아이들이 강해지기 어렵다는 것도 나중에 알았어요.

사회적 여건이 너무도 달라진 사회 속에서 아이들이 부모 이상으로 마음고생을 하면서 각박하게 살고 있다는 것을 몰랐던 것이 등교 거부, 히키코모리, 프리터, 니트(NEET) 등의 여러 문제가 폭발하게 된 원인이라고 봐요.

근데, 사실 한국에서 오는 분들과 대화를 나눌 때 조금 걱정이 돼요. 한국도 우리 이상으로 아이들만 비난하는 사회인 것 같아서요. 혼내기만 하거나 아니면 너무 과잉보호로 키우는 과정에서 아이들은 마음의 여유를 갖기가 어려울 것 같아요. 아이들이 어떻게 크는지를 '고생' '고단함' '힘든 삶' '각박함' '어려움'이라는 렌즈를 통해 보는 것이 필요할 것 같아요.

모두 마음이 무겁고 여유가 없어 보여요. 강박적인 것처럼 보이기도 하고요. 특히 온갖 고생은 기성세대가 다 했다 이런 식으로 말하면 안 되거든요. 수많은 빈터에 저 많은 건물을 다 기성세대가 지었다는 식으로 말하면 젊은이들은 분노와 무기력에 빠져들어요. 이제는 더 지을 빈터도 없고 안정된 일자리도 없으며, 어떻게 살아야 할지를 더 모르는 사회로 와 있으니까요.

무카이야치 교수가 제 마음에 남긴 단어는 '고생'이라는 단어였습니다. 그 단어가 지금의 세대에게는 어울리지 않는 것처럼 느껴지기도 했습니다. 그래서 요즘 아이들이 하는 고생은 어떤 것일까 생각해 보았습니다.

아이들이 전하는 고생담

진료실에서 만난 아이들과 학교에서 만난 아이들, 그리고 주변 청년 들에게 열심히 그들의 고생에 대하여 물었습니다. 그랬더니, 아이들은 자신의 고생에 대한 마음 보따리를 엄청나게 풀어놓았고, 전혀 예상치 못했던 이야기들을 들려주었습니다. 최대한 그들의 표현을 생생히 살 리려고 노력했습니다.

엄마 뱃속에서부터 고생했다

엄마 뱃속에 있을 때부터, 태교로 영어를 듣기도 하고 수학을 풀기도 했습니다. 탯줄을 통해 엄마의 정신적 사랑과 신체적 영양분도 들어왔 지만, 영어 알파벳과 수학 기호들이 '불안'이라는 접착제에 붙어 '믹스' 된 채 끈적끈적하게 들어왔습니다. 그러니까 공부는 태교부터 시작된 것이라고 해야 합니다.

부모들이 아이를 갖기 전부터, 또 아이를 임신한 후에 가장 간절히 바라는 것이 공부 잘하는 아이로 키우는 것입니다. 너무 메마르고 각 박하게도 우리의 가장 큰 소원은 그렇습니다.

영·유아 시절에도 고생했다

부모들은 독박육아, 전투육아를 한다고 난리를 피웠습니다. 양육을 도와주는 사람이 없거나, 있어도 '트렌디'한 양육 패턴을 따라가지 못하 는 할머니와 부모의 갈등이 컸습니다. 양육 카페를 부모처럼 들락날락 하며 유행에 민감해야 하는데, 신식 할머니라 하더라도 쉽지 않았습니다.

그러는 와중에 부모들은 평균 2.6세부터 사교육이라 불리는 공부의 전구적 활동을 시켰습니다. 또한 아이 안에 무언가 꿈틀거리는 영재의 '끼' '숨길 수 없는 재능' 이런 것들이 있기를 바랐습니다. 영재원의 테스트를 마다하지 않았습니다. 세상 천지가 영재로 가득 차서, 엄마의 자녀를 포함하여 이모들(엄마 친구들) 자녀까지 모두 영재라고 기뻐했습니다.

돌 때부터 자수성가

엄마가 힘들고 아빠가 바쁘면, 또 부모 모두 바쁘게 일하면서 정신없이 살았기 때문에 아이들은 스스로 위로해야 했습니다. 형제가 없으면 더 그랬습니다.

맡겨진 어린이집에서 다소 거친 행동을 하면서 스트레스를 풀면, 부모는 아이를 전문가에게 맡겼습니다. 그 전문가가 부모를 대신해서 놀아주었습니다.

그 놀이가 재미있었다는 아이들도 있지만, 아이들 대부분은 일찍부터 맛본 외로움을 놀이로 달래지는 못했습니다. 부모는 아이에게 왜 외로움이라는 감정이 일찍부터 싹을 틔우게 했는지 모릅니다.

유치원 시절은 인생의 큰 시련

유치원 시절은 그야말로 힘들었습니다. 부모가 사와서 입혀주는 옷을 입고 예쁜 척 해야 했고, 새로 시작한 여러 과목들, 피아노·수영·미술·태권도·발레 등을 잘하는 척 해야 했고, 또 본격적으로 두 언어, 한국어와 영어를 해야 했고, 수학을 포함한 공부를 하면서 신기한 척을 해야 했습니다.

친척집이나 동네 어른들에게 처음으로 인사를 해야 했고, 부모는 "귀엽다, 착하다, 예쁘다" 등 찬사를 듣고 싶어 했습니다. 주변 이웃들의 칭찬에 환하게 펴지는 부모의 얼굴을 보면서 힘들지만 열심히 하지 않을 수 없었습니다.

피아노부터 수영까지, 영어 유치원부터 예체능까지 뼈 빠지게 뛰면서 최선을 다했고, 특별한 아이가 아니어서 부모가 실망할까 봐 마음고생을 하기도 했습니다.

초등학교부터 시작된 공부 지옥

통계가 말해 주듯 초등학생은 중·고등학교 학생이나 대학생만큼 공부합니다. 어떤 통계에 따르면 대학생보다 더 많은 시간을 공부한다고 합니다. 야망과 포부가 큰 부모들 중 상당수는 초등학생 때 선행학습으로 중학교 수학을 마치게 합니다. 더 빠른 아이들은 중학교 입학 전에 고등학교 수학을 시작합니다.

숙제도 엄청납니다. 여러 학원들의 숙제들과 학교에서 내는 숙제를 모두 다하려면 직장인 야근 수준으로 공부해야 한다고 합니다. 잠을 충분히 자기란 쉽지 않습니다. 과로는 어른들에게만 쓰는 용어가 아닙니다. 초등학생 시기의 스트레스는 직장인 수준에 맞먹습니다.

이때까지의 에너지 소비만으로도 지친 아이들이 나타납니다. 마치 세상에서 할 고생의 절반을 한 것 같은 상태에서 중학교를 가야 합니다. 그런데 초등학교는 시작에 불과하다고 하니 미치겠습니다.

국가를 지킬 것인가, 고향을 지킬 것인가

특목고 혹은 과학고를 가지 못하면 이제 세상을 구하는 일은 할 수 없고 동네나 지켜야 한다는 구박을 받습니다. 중2병의 등장으로 서로 조심해서 다행이기도 하지만, 부모들이 기대를 놓지 못해 이때부터는 어쩔 수 없이 성질을 부리는 수밖에 없습니다.

부모들은 아이가 머리는 좋은데 노력을 안 해서 그렇다며 노래를 부르기 시작합니다. 사실은 머리도 안 좋고, 노력은 힘들어서 하고 싶지 않고, 이렇게 살아도 나쁘지 않습니다. 그런데 부모들은 마치 곧 굶어죽을 것처럼 난리입니다. 그런 부모들의 정서를 이해할 수 없습니다.

연애 문제부터 친구 문제까지, 스포츠부터 축제까지 신경쓸 일은 많은데, 온갖 문제들로 갈등만 가득합니다. 인생의 미래는 이미 결정된 것 같은 기분이 들고, 부모와 치르는 사춘기 전쟁이 큰 고통입니다. 그러나 친구와 네이버를 빼고는 정보나 공감을 주는 것도 없습니다. 물론 친구나 네이버가 해결책을 주지는 않습니다. 갱년기 부모들과 치르는 사춘기 전쟁에서 큰 상처를 입고 또 인생의 상당한 에너지를 소진합니다.

무기력한 고등학교 시절

꿈 고문을 엄청 당하면서 다닙니다. 꿈이 뭐냐고 묻기 전에 꿈꿀 수 있는 세상이나 만들어주기를 바란다고 항변합니다. 요통에 시달리며, 몇 시간씩 엎드려 있지만 고등학교는 마치기로 한 약속을 지키고자 애씁니다. 어떻게 해도 갈 대학은 있다고 하니, 공부는 싫지만 '존버' 정신을 발휘해 봅니다. 사실 고등학교 시절은 별 기억이 없습니다. 그냥 이렇게 해서 어른이 되나 싶은 불안함뿐입니다.

포기, 그리고 미련

어떻게 대학을 가긴 갔는데 비싼 등록금과 취업을 위한 성적관리 때문에 대학생활도 전쟁입니다.

졸업 후에 취업 자리도 별로 없다고 합니다. 50대 취업률이 20대 취업률보다 더 높은 사회라고 합니다. 요즘 젊은이들을 '다포 세대'라고 부릅니다. 그렇다고 이 포기라는 비극적인 심정을 시대가 공감해 주지는 않습니다.

단념을 일찍부터 배웠어야 하는데, 미련이 남는 마음이 문제입니다. 미련조차 남기지 않도록 마음 수련이 최고입니다. 아니면, 부모에게 돌아가기로 결정합니다. 그리 나쁘지 않습니다.

어른아이

소위 말하는 어른이 될 수도 없습니다. 결혼해서 살 집 한 칸에 대해 엄두를 낼 수 없습니다. 부모 세대도 죽도록 고생해서 대도시에 집 한 칸을 마련했는데, 요즘 젊은이들이 도시에 집 한 채 장만하려면 부모 세대보다 더 많은 시간 동안 돈을 벌어야 합니다. 몸은 어른이지만 여전히 사회에서는 아이입니다.

끝나지 않은 마음고생

젊어서 고생은 사서도 한다는 어른들, 천 번보다 더 흔들리라는 어른들, 더 고생하고 더 아파봐야 깨우친다는 어른들, 여차하면 해외로 진출하라고 하는 어른들의 소리를 들으며 살아야 합니다.

그런데 정유라니, 최순실이니, 삼성이니, 코너링 잘하는 운전병, 블랙

리스트 이야기까지 나오면 '이 고생을 뭣하러 했나' 하는 생각이 듭니다. 기껏 물려주는 나라가 이 따위 나라인가라고 묻고 싶고, 세월호 사건에서 보는 것처럼 죽어가도 살려주지 않을 나라에 살게 하면서 어떤 고생을 더 하라는 말인지 따지고 싶습니다.

고생은 죽도록 시키고 인정은 해주지 않습니다. 하나밖에 없는 자식인데, 변변치 않아서 할 말은 없습니다. 하지만 부모를 잘 만난 아이들이 부러운 것은 숨길 수 없습니다.

마음고생의
침전물,
울분

점점 무거워지는 마음

요즘 아이들이 이렇게나 고생 속에 산다고 하니, 마음이 착잡해집니다. 더 착잡해지는 것은 아이들이 겪는 고생은 마음의 고생이기 때문입니다. 몸의 고생은 그 수고가 보이고 주름과 근육들이 드러나 보이지만, 마음의 고생은 쉽게 보이지 않습니다.

물론 아이들이 말하는 다크 서클과 처진 어깨, 힘 빠진 걸음, 멍한 눈이 고생의 결과라고 하지만 그것을 아주 민감하게 알아채는 어른이 그렇게 많지는 않습니다.

그래서 어떤 아이들은 당돌하게, 스스로 감정적인 부분을 달래고 책임져왔다며 돌 때부터 자수성가한 셈이라고 말하기도 합니다. 아주 어렸을 때부터 큰 부담을 안고 살아가는 것, 책임에 대해 일찍부터 민감해지는

청소년과 청년들의 7가지 울분과 비애

공부 울분: 2.6세에 시작했다.

훈육 울분: 훌륭한 아이가 되어야 했다.

가족 울분: 극핵가족으로 버텨야 했다.

학교 울분: 재미도 없는, 줄세우기의 학교를 다녀야 했다.

취업 울분: 인턴, 비정규직의 세월로 끝을 내야 했다.

정체성 울분: 무엇을 해야 할지 모르겠다.

미래 울분: 세상이 어떻게 될지 아무도 모른다고 한다.

것, 가족을 기쁘게 해줄 수 있는 사람이 자신 혹은 한 명의 형제밖에 없다는 것, 말로 하기 어렵고 또 말로 다할 수 없는 일들이 가정에서, 학교 안에서 벌어지는 것에서 아이들은 마음이 점차 무거워집니다.

고요하게 사는 것은 어차피 불가능합니다. 숨을 곳도 없고 숨겨지지도 않아 매순간 다쳐야 합니다. 정신분석가 위니캇이 말한 "고요 속에서 비통합적 존재로 자신을 놔둘 수 있는 시간"이 마련되지 않는, 참 고단한 삶입니다. 그 과정에서 화가 나고, 짜증나고, 울분이 쌓입니다. 울분이 폭발하지 않으면 응어리가 되어 몸에 침전되기도 합니다. 그래서 몸이 무거워지고 귀찮아지고 무기력해진다고 합니다.

일본은 이런 내면의 과정을 우리보다 조금 일찍 치러내고 있습니다. '베델의 집'이 운영하는 '어슬렁 어슬렁'이라는 카페에는 이런 격언이 붙어 있습니다. 이 말은 자신이 누군인지를 모르기 바라는 회원이 적었다고 합니다.

"천사가 하늘을 날 수 있는 것은 마음이 가볍기 때문이야."

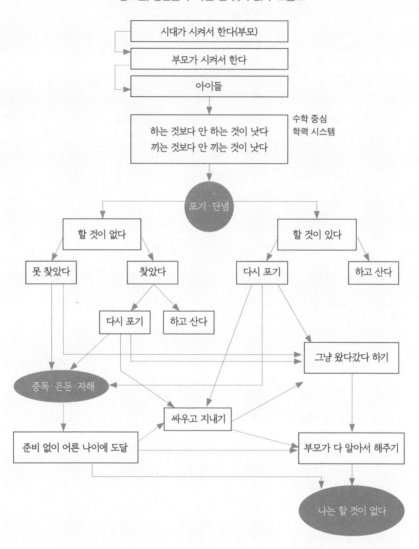

청소년, 청년들의 '나는 할 것이 없다' 흐름도*

시대가 시켜서 한다(부모)

부모가 시켜서 한다

아이들

하는 것보다 안 하는 것이 낫다
끼는 것보다 안 끼는 것이 낫다

수학 중심
학력 시스템

포기·단념

할 것이 없다

할 것이 있다

못 찾았다

찾았다

다시 포기

하고 산다

다시 포기

하고 산다

그냥 왔다갔다 하기

중독·은둔·자해

싸우고 지내기

준비 없이 어른 나이에 도달

부모가 다 알아서 해주기

나는 할 것이 없다

*흐름도: 이 흐름도는 무기력하게 지내던 내담자와 그 주변 친구들과 함께 상황을 토의하던 중에 그려본 상태도이다. 열심히 사는 친구들이 아닌 경우 중독·은둔·자해부터 부모와 싸우며 지내기, 그냥 왔다갔다 하기 등의 관문을 거쳐 결국 자신은 아무것도 할 것이 없다는 마지막 지점에 도달한다고 한다.

하고 싶은 것을 하고 사는 아이들보다는 하고 싶은 것을 발견하지 못하거나, 못하게 해서 싸우고 지내거나, 그냥 부모가 하자는 대로 하면 부모가 먹여 살려주겠지 하는 경로의 삶은 절대 소수가 아닌 다수라고 그들은 주장한다.

세 가지 소원

• **중학교 2학년 어떤 친구**

　첫째, 학교 폭격

　둘째, 게임 무료, 무상 전환

　셋째, 모든 커플의 완전 깨짐

• **중학교 3학년 어떤 친구**

　첫째, 학원 붕괴

　둘째, 학교 붕괴

　셋째, 국가 붕괴

• **고등학교 1학년 어떤 친구**

　첫째, 학교 폭파

　둘째, 디저트 카페에서

　원 없이 달달한 것 먹기

　셋째, 모태 솔로 탈출

• **고등학교 2학년 어떤 친구**

　첫째, 돈이 많았으면 좋겠다.

　둘째, 다른 나라에서 살고 싶다.

　셋째, 예쁜 얼굴을 갖고 싶다.

• **최근 태풍이 지나가기 전날 중학생들이 페이스북에 올린 소원 세 가지**

　첫째, 태풍이 학교를 통과하게 해주소서.

　둘째, 태풍이 학원을 통과하게 해주소서.

　셋째, 다음 태풍도 학교와 학원을 통과하도록 해주소서.

2장

어른들은 잘 모르는
요즘 아이들

"사랑은 갖지 않은 것을 주는 것이다."
— 자크 라캉

가능하면
'안 하려고' 하는
세대

"그만 좀 내버려두세요"

50대 중반의 남성이 깔끔한 정장 차림으로 내원했습니다. 진료실에 앉으면서 속주머니에서 수첩과 오래되어 보이는 샤프펜슬을 꺼냈습니다. 모범생처럼 제가 하는 말을 받아 적겠다는 태도였습니다. 물어보니 아들 때문에 왔다고 했습니다. 좋은 대학에 입학한 대학교 1학년 아들에 대한 걱정 때문에 왔다며 다음과 같은 이야기를 했습니다.

"대학 입학 후 생활이 정말 걱정입니다. 학교를 목요일 오전까지 나가고, 그 다음부터 그냥 거의 놀다시피 합니다. 자원봉사도 안 하고, 연애도 안 하고, 영어학원도 나가지 않아요. 그저 자다 휴대전화하다 컴퓨터하다 친구 만나러 가서 당구 치고 영화 보고 술 한잔 하고 들어오는 게, 주말에 하는 전부예요. 학교에 가는 날에도 공부를 그렇게 열심히 하는 것처럼 보이지도 않고, 운동이라도 하나 특별히 하라고 해도 하지도 않아요. 여행도 보내준다고 해도 싫다고 하네요. 정말 걱정스러워요. 열정이 없어요. 무슨 말만 하면 피곤하다고 자기 좀 그만 내버려두라고 성질이나 내고요."

그분은 대학 1학년 자녀의 태도가 좀처럼 마음에 들지 않는다는 이야기를 하고 돌아갔습니다. 속상해하는 그분 편을 조금 들어드리긴 했습니다. 그런데 그분이 일주일이 지나서 아들을 데리고 함께 내원을 했습니다.

"둘이 함께 검사를 받기로 했습니다. 하루는 술 먹고 늦게 들어와서 크게 야단을 쳤더니 너무 대들었어요. 그래서 한참을 이야기한 끝에, 누가 더 지금 심리적으로 문제가 큰지 서로 알아보자고 해서 같이 왔습니다."

그날도 아버지는 정장 차림에 깔끔한 모습이었고, 아들은 반바지에 슬리퍼를 신고 억지로 온 모습이 역력했습니다. 그래서 심리검사까지 할 필요는 없다고 설명하고, 무슨 갈등이 지금 두 사람 사이를 이렇게 힘들게 하는지 이야기해 보자고 했습니다. 그러나 두 사람은 그냥 막무가내로 대화는 현재 불필요하고 자신들의 상태를 설명하는 객관적인 검사를 하자고만 했습니다. 여러 설명을 하고 설득하였으나, 강경한 입장이어서 검사를 진행하기로 했습니다.

결국 두 사람은 비용이 꽤 드는 심리검사를 마쳤고, 2주 정도 지나 함께 설명하고 대화를 나누는 자리를 갖게 되었습니다. 심리검사 결과상 아무도 큰 이상은 없었습니다. 아버지와 아들의 성격 차이가 다소 있고, 누구에게나 조금씩 있는 사회 적응상의 걱정과 불안이 조금씩 있었을 뿐입니다. 어찌 보면, 아버지의 불안이 더 높고 강박과 비관적 인식 같은 부분이 더 우려될 만한 상태였습니다. 결과를 듣는 자리에는 아버지와 아들뿐 아니라 어머니도 함께했습니다.

설명을 하고 난 뒤 기분을 물으니 아버지가 무척 실망스럽다는 말을 했습니다. 아버지는 저와 이 심리검사가 아들의 이상을 분명히 보고해줄 것으로 믿었던 것 같습니다. 하지만 아무 이상이 없었습니다.

보통은 이상이 없는 것을 기뻐하는 경우가 대부분이지만 이 경우 아들이 무언가 심리적으로 이상이 있을 것으로 기대했던 아버지의 바람 때문인지 어색한 분위기가 되어버렸습니다. 하지만 아들과 어머니는 짜증나는 어투로 말했습니다.

"아버지, 봐요. 아버지가 더 이상하잖아요. 죽기 살기로 매 순간을 사는 아버지가 더 이상하다고요. 시대가 바뀌었잖아요. 요즘은 누구나 안 하는 것을 더 원하는 시대라고요. 부모님이 바라는 좋은 대학을 온 것으로 저는 족하다고요. 저는 아직 아무 생각이 없다고요. 좀 내버려두세요. 지금 군대 안 가는 방법을 열심히 연구하는 것 말고 다른 관심이 없단 말이에요."

희망이 넘치는 노인들, 절망이 가득한 아이들

'생명 사랑 주간'이 포함된 9월 어느 날의 일입니다. 그날은 하루에 두 번 자살 예방과 생명 사랑에 관한 강의가 있던 날입니다. 저에게는 아주 특별한 하루로 기억되는 날입니다.

오전에는 열 시부터 노인 대상으로 하는 강의가 약속되어 있었습니다. 담당자에게 듣기로는 노인복지관에 출석하는 75세 이상 어르신들이 교육 대상이라고 들었습니다. 강의 장소에 도착해 보니, 이미 많은 어르신들이 모여 있었고, 곧바로 강의를 시작했는데 분위기가 너무 좋았습니다. 대답도 잘 해주고 질문도 많았습니다.

"백 세까지 청춘처럼 건강하게 살자. 백 세까지 청춘처럼 총명하게 살자."

구호가 제창되고, 어르신들의 열기는 젊은이들의 패기를 능가하였습니다. 열광적인 외침과 함께 치매가 예방되는 약물도 곧 개발될 것이라는 희망찬 반응이 계속되었습니다.

마치 그분들의 인생에서 일으킨 수많은 기적을 입증하듯이, 여전히 남은 생애에서 새로운 기적이 일어날 수 있으리라 믿는, 희망이 넘치는 분위기였습니다. 강사인 저에게도 격려가 계속되었고, 감사 인사를 받으면서 강의를 마쳤습니다. 어르신들에게 굉장히 큰일을 해드리고 나오는 기분, 뿌듯한 기분으로 오전 강의를 마쳤습니다.

오후 강의는 중학교 학생들 대상의 생명 사랑, 자살 예방 강의였습니다. 예정된 시간에 학교에 도착해서 곧이어 강의를 시작했습니다. 한 반에서 강의를 하면 방송으로 전체 학생들에게 중계가 되는 방식이었습니다.

오전의 열기와는 다른 무관심, 무반응이 계속되었습니다. 교실 앞자리에 앉아 있는 몇 명 학생만 억지로 선심 쓰듯이 호응해 주는 분위기 속에서 진땀을 흘리며 강의를 진행했습니다. 상당히 많은 아이들이 졸거나 쓰러져 자려 하는데, 담당 선생님이 열심히 아이들에게 주의를 주고 있었습니다.

몇몇 아이들에게 '오늘보다 내일이 더 밝을 것'이라는 말에 대한 느낌을 말해보라고 했더니, "우리에게 내일이 있으리라고 생각하시느냐?"는 질문이 되돌아왔습니다. 아이들은 자신들의 미래는 희망으로 가득 차 있지 않다, 하루하루 살기도 힘들다, 짜증난다는 등의 이야기들을 했습니다.

어떤 아이는 "이런 시간에 차라리 수업이나 하는 것이 낫다"고 면박을 주기도 했고, 또다른 아이는 "수업보다는 이런 시간이 더 낫다"라고 하기도 했습니다.

"우리 이생망인 거 모르세요?"

"포기했기 때문에 열심히 살고 말고 할 것도 없어요."

"남은 건 더 고생하는 것밖에 없어요."

아이들의 비관적이고 부정적인 발언에 답을 하지도 못하고 식은땀을 흘리며 간신히 마무리하기는 했습니다. 정말 중학생 대상 강의가 쉽지 않다는 것을 다시 확인했습니다.

아이들보다 노인들에게 더 희망이 넘친다는 사실을 깨달은 하루였습니다. 세상은 현재 그렇게 돌아가고 있다는 것을 다시 한 번 알게 되었습니다.

저성장
불완전고용 시대의
자아

점점 더 단단해지는 세대 간 경계

언제나 아이들이 살았던 시대는 어른들이 살았던 시대와는 달랐습니다. 아이들은 어른들의 문화에 저항했고 어른들은 적당히 통제했습니다. 문화 격차가 크지 않고 전통이 전수되고 계승되는 사회에서 이저항과 통제는 큰 사회적 문제가 되지 않았습니다. 그래서 다수의 아이들은 큰 문제없이 성장해 왔습니다.

위니캇은 청소년들은 시대를 앞서가는 창의적 저항과 발산을 하는것이 바람직하다고 했고, 청소년기에 이런 일탈이 없다면 성인기에 더부적절한 방식으로 일탈이 일어난다고 했습니다.

그런데 시대가 완전히 질적으로 달라지면 상황이 달라집니다. 즉 타임머신을 타고 온 새로운 세대들과 낡고 보수화된 세대들이 공존하는 상태라고 할까요. 시대적 격차가 크고 세대들의 경계가 단단해지고 전통이 파괴되면 다른 부류의 인간들이 사는 사회가 되어버립니다. 바로 지금이 그런 시대이지 않을까 싶습니다.

굉장히 빠른 사회적 변천 속에서도 그 뒤엉킴과 흔들림을 모두 가로질러 눈부시게 성장한 기성세대와 비교적 부유한 사회 속에서 외적으로 큰 어려움이나 눈에 띄는 고생 없이 성장하고 있는 세대는 서로 일치나 통합을 이루기가 쉽지 않습니다. '세대와 시대가 미치는 영향이 인간 보편의 속성들을 뒤흔드는가?' 하는 질문에 대한 답은 쉽지 않지만, 그 분명한 차이는 갈등 속에서 여실히 드러납니다.

영국의 역사가 에릭 홉스봄(Eric Hobsbawm)이 말하는 '비동시성의 동시성'이라는 단어가 무색할 정도로 전근대부터 초현대까지 꼬이고 얽히고 또 중첩된 우리 사회에서는 문제를 풀어내기가 쉽지 않습니다. 다 함께 이해하기도 어려워서 더 발달된 의사소통이 활성화되어야 하는데, 그 과정은 여러 이유로 실패해 왔습니다. 그리고 세대들 간 언어조차 극단적으로 달라져가는 양상을 띠고 있습니다. 다양성으로 공존하기가 어렵기 때문에 곳곳에서 갈등은 폭발할 수밖에 없는 상태입니다.

헬조선의 흙수저들

2007년에 88만원 세대를 필두로 해서 청년 담론이 시작되었다고 하는데, 그 이후로 지금까지 청년들에게 행운을 가져다주는 일들은 크게 일어나지 않고 있습니다. 취직해봤자 첫 월급에서 세금 떼고 나면

88만원으로 인생을 시작한다는 이야기는 확대 재생산되었고, 잉여사회 이야기를 넘어 몇 년 전 '헬조선' '수저론'으로까지 이어져왔습니다.

이는 학자들이나 이론가들에 의해 주도된 것이 아닙니다. 청년들, 청소년들이 인터넷에 기반하여 스스로 개념을 만들어내기도 하고, 또 저널리즘에서 생산된 개념을 신조어들로 만들며 이루어졌습니다.

'헬조선'의 '수저론'은 이 시대가 신분제 사회로 퇴행했고, 누구나 알다시피 20 대 80 사회가 되었으며, 수저를 바꾸는 것은 불가능하다는 현실론입니다.

아쉽게도 우리에게는 이 저성장 시대를 성숙사회로 진화시킬 수 있는 사회적 기반과 동력, 철학이 딱히 없습니다. 그간의 부패한 정치로 인해 이전 대통령 두 명은 감옥에 갔으며, 잃어버린 10년은 현재 사회적으로 큰 부담이 되고 있습니다. 우리는 미래를 불러들이지도 못했으며, 저성장 사회 안에서 적응할 수 있는 수평적 확대를 하지도 못했습니다.

수직적 위계 속에서 각자도생을 통해 상층 사회로 이동하려고 아등바등하는 사회를 아이들은 가까이에서 보았으며, 그 아귀다툼에 들어가서 살아왔습니다. 아이들이나 젊은이들이 지금의 현실을 '지옥이다, 전쟁터다, 정글이다'라고 해온 지도 오래되었습니다.

이 시대의 어른들은 이런 절규를 철저히 들어주지 않고, 아이들과 젊은이들을 똑같은 입시제도, 혹은 더 악화된 낡은 제도에 따라 살게 하고 있습니다.

우리의 미래가 어떻게 될지 알 수 없습니다. 위기에 닥친 우리들은 다시 기적을 일으킬까요? 아니면 일본과 비슷한 장기 불황 속에서 은둔, 소확행, 달관, 자발적 축소의 길을 걸을까요? 아니면 우리는 어디로 갈까요?

지난 십 년,
잘 될 것이라는 이야기를
들은 적 없다

'열심히 해봤자 소용없다'

지금의 청소년들이 무기력하고 의욕이 없어지기 시작한 시점, 그리고 짜증을 부리고 힘들어하면서 방향을 찾기 어려워하게 된 시점은 어제 오늘이 아닙니다. 제가 기억하기로는 『88만원 세대』라는 책을 통해 소위 '열심히 해봤자 소용없다'라는 분위기가 시작된 이후로 청년들의 삶이 암울하다는 사회적 메시지는 벌써 십 년 넘게 지속되고 있습니다.

'좋은 대학, 좋은 직장, 행복한 인생'이라는 과거의 행복 공식이 통용되지 않는다는 이야기, 한국 최고의 명문대학 학생들도 9급 공무원부터 출발하기를 원한다는 이야기도 이제 오래되었습니다. 이런 사회적 기조가 어제 오늘 시작된 것이라고 이야기하는 것은 그저 어른들의 무책임한 태도와 변명에 불과합니다.

88만원 세대는 잉여사회론으로 연계되고 헬조선론으로 퍼져가면서 한국의 청춘에게 '삼포(취업, 연애, 결혼 포기)'에서 'N포 세대'라는 명칭을 부여하고, 청년의 삶이 암울하다는 것을 전해주었다는 것은 이제 진부한 담론입니다.

더군다나 한국의 잃어버린 10년은 연달아 구속된 두 대통령의 집권 시절로, 청년들의 삶보다는 그들 측근을 배부르게 하고 부패를 통한 부도덕한 축적만 추구했습니다. 그래서 사회적으로는 더 퇴행하고 역사적으로는 거꾸로 가는 길을 걸었습니다.

지금 아이들의 형들은 정규직에 취업하지 못하고, 비정규직 혹은 아르바이트를 전전하면서, 공무원 시험을 포함한 온갖 고시에 대한 갈등으로 괴로워하고 있습니다. 그들은 컴퓨터 게임을 하면서, 유튜브 방송을 통해서 그 밖에 다양한 비공식 방송과 통신을 통해서 이 시대를 사는 것에 대한 허탈과 공허를 아이들에게 지속적으로 전해왔습니다.

아무것도 모르고 생각조차 하지 않을 것 같은 중학생들도 이런 세상사의 이야기를 들으며 자신들의 사춘기를 시작했습니다. 지금의 청년들도 어려운 시대를 살고 있지만, 자신들의 시대는 더 힘들어지거나 아예 망할지도 모른다는 이야기를 아이들은 듣고 자라고 있습니다.

아이들이 즐겨 사용하는 이모티콘, 좋아하는 광고, 열광하는 게임, 노래 가사 등은 그런 내용들로 가득 차 있습니다. 아이들은 이 시대가 청년들에게 얼마나 힘든 사회인가를 노래로 랩으로 듣고, 웹툰으로 보고, 뉴스에서 들으면서 자랍니다. 희망에 대한 소식들을 듣고 자신들이 개척할 더 넓은 세상에서 환영받을 것으로 기대하면서 커가는 청소년들은 없습니다.

답답하게 막힌
사회에서
자란다는 것

아이들 마음은 찌그러져 있다

경제성장률 5퍼센트 이상, 목표 초과달성. 공터들이 사라지고, 건물은 하늘 높이 치솟고, 연봉은 최고를 경신하던 지난 근대화 시기는 그야말로 고성장 시대였습니다. 조부모들과 부모들이 이 시기를 살아왔습니다.

더군다나 우리나라는 전쟁을 치르며 폐허 위에 지금의 나라를 세웠습니다. 우리는 연간 일인당 국민소득이 전쟁 후 불과 100달러도 안 되던 이 나라를 세계 10대 강국에 근접한 경제규모의 국가로 만들었습니다. 그간 기적을 일으킨 적이 한두 번이 아니었습니다. 정말 죽기 살기로 많은 일을 해내면서 불가능은 없다는 신화를 만들었고, 중단 없는 발전을 이어왔습니다.

그런 세월을 만들고 겪어온 조부모와 부모들의 정신구조, 그리고 그 개인들이 가지고 있는 자아상은 지금의 아이들과는 현저히 다를 수밖에 없습니다. 부모 세대는 불굴의 의지를 갖고 도전하고 개척하며 실패를 두려워하지 않는 개척형 자아, 그리고 현재의 만족에 안주하지 않고 확장하려는 자아, 과로사를 할지언정 포기를 모르는 강인한 자아를 갖고 있습니다. 살기 위해서는 무엇이든지 할 수밖에 없었고, 해내기 위해서 수단과 방법을 가리지 않았으며 목표를 성취해 오면서 '하면 된다'라는 정신적 구조를 확립해 왔습니다.

반면 지금의 젊은 세대들은 개발된 사회에서 출생하여, 큰 어려움을 겪지 않고 성장했습니다. 물론 IMF와 세계 금융위기에 따른 충격이 있었고, 이 과정에서 양극화가 심해지면서 상대적 박탈감이 커지는 경험은 있었습니다. 그렇지만 부모들의 과잉보호와 학력에 대한 집착 속에서 많은 아이들은 온실 속 화초처럼 자라났습니다.

그런 아이들에게 불황, 저성장, 불완전고용 사회가 도래하고 정치적인 시대 역행으로 사회 발전이 사라지는 위협이 닥쳤습니다. 그리고 그런 세월이 10여 년째 지속되고 있습니다. 현재 아이들은 현시대를 아주 고통스러워하며 만성적 피로, 우울감을 호소하고 있습니다.

그들은 저성장 시대, 느린 사회, 답답하게 막힌 사회, 즉 수직적으로는 이제 더 이상 발전하지 않는 포화된 사회에서 살고 있습니다. 새롭게 쓸 만한 땅은 없고, 도시는 재개발·재생되어야 하며 건물은 있던 것을 허물어야 새로 지을 수 있습니다. 아주 특별한 혁신이나 창안을 하지 않고는 사람들의 생각이 이미 다 실현된 사회에 살고 있습니다.

아이들은 글로벌해진 광범위한 네크워크 속에서 자신의 위치가 얼마나 협소한지를 파악해야만 하는 처지에 있습니다. 그들이 알게 된 자신의 위치와 크기는 부모들의 기대와 달리, 세상이 알 수도 없는 자리에 존재감이라고는 느낄 수 없는 크기라는 것을 받아들여야 합니다. 아이들의 마음은 아주 찌그러진 상태입니다.

저성장 시대의 자아는 위축의 자아이고 피로의 자아입니다. 더군다나 헬조선인 우리나라에서 아이들의 절망적인 심정을 그대로 표현한 것이 '수저론', 즉 현대판 한국 신분제론입니다. 현재 한국은 신 신분제 사회의 국면에 진입해 있습니다.

계층 간 이동은 거의 없이 고정되어 있고, 이를 활성화시킬 수 있는 정책은 번번이 좌절되어 버립니다. 이 상태에서 다수의 아이들이 희망을 품기란 어렵습니다. 그래서 과거 일본 불황에서 논의되었던 많은 젊은이들의 모습이 우리에게도 반복되고 있습니다. 프리터, 니트, 히키코모리 등의 사회적 현상부터 시작해서, 이제 세상을 바꾸기는 어렵다는 절망 속에서 달관세대, 소확행 등 자신의 내면 세계를 수선하는 것으로 점차 방향을 바꾸고 있습니다.

다음 글은 한 고등학생이 자신의 내면을 변화시키기 위해 마음을 바꾸겠다고 적은 글입니다.

꿈꾸지 않는다

세상의 변화는 불가능하다.

나에게 가능한 것은 그저 내 마음을 바꾸는 일이다.

꿈꾸지 않는다.

희망을 갖지 않는다.

욕망하지 않는다.

체념한다.

수용한다.

그래서

하루 한 끼에도 충분히 감사한다.

내가 체념할 수 있음에

그 체념한 나를 수용할 수 있음에 감사히 여긴다.

나는 내 내면의 욕구를 잠재우는 데 노력할 것이다.

나는 내 마음의 자아가 만족하도록 노력할 것이다.

비어 있는 마음이 얼마나 평화로운가.

이 아이가 이런 마음을 갖게 된 계기는 본인이 지금 살고 있는 아파트, 즉 자신이 성장한 집에 나중에 돌아와 살 수 있는가 질문한 결과, 불가능하다는 결론이 나왔기 때문입니다. 부모의 도움 없이 회사원 연봉으로 그런 집을 사려면 20년은 걸려야 한다는 이야기를 듣고 충격을 받은 것도 영향이 있다고 하였습니다.

심리적 위축과 피로, 좌절감은 단지 시대에 대한 태도일 뿐 아니라 구체적인 현실에 대해 알아갈수록 더 심해지는 것입니다.

무력한 개인의 각자도생 시대에 스스로 처벌하지 않고 살아남기 위한 방어적 노력은 자신의 내면에 새겨진 부모의 요구, 자신의 요구, 성장기에 품었던 꿈을 모두 분열·해리·부정·회피 등의 다양한 방어기제를 동원하여 지우는 것뿐입니다.

현재의 부모 세대는 희망이 없다든지 목표가 없다든지 꿈을 꾸지 않기로 한다든지 하는 심리적 태도를 수용할 수가 없습니다. 그렇기 때문에 수많은 가정에서 매일 훈계와 갈등, 싸움이 반복됩니다.

조부모, 부모 세대는 저성장 사회, 계층 이동이 없는 사회, 양극화 사회, 기울어진 사회를 살아보지 않았기 때문에 그 정서를 모릅니다. 그래서 아이들을 다그칠 수밖에 없습니다. 하지만 기존 질서의 변화에 대한 희망의 증거가 생기거나 만들어지는 경험을 하지 않는 한 청소년과 청년들의 새로운 움직임은 쉽지 않을 것입니다.

사회의 위협에
몸부림치다

자생력과 면역력을 잃어버린 아이들

고성장 시대는 사람들에게 기회를 만들어주었고, 신바람을 불러일으켰습니다. 고성장 시대에는 성공하기가 쉬웠습니다. 빈곤한 상태에서 많은 사람들이 중산층이 되는 기회를 가졌습니다. 그래서 지금 빈곤 상태에 있는 일부 사람들 가운데는 그 시절의 정책이나 지도자들이 자신에게도 희망을 주리라고 기대하는 사람들이 있습니다. 그러나 그것은 헛된 환상이고 지금은 불가능한 방법입니다.

저성장 불완전고용 사회가 도래한 중요한 이유 중 하나는 고성장 시대에 우리가 바람직하지 않은 방법, 즉 대기업, 독점, 양극화, 자본과 정치의 담합 등 구태의연하고 비민주적인 방법들을 지속해 온 것입니다.

현재 청소년과 청년들이 우리가 비난하고 있는 심리적 상태에 처한 것은 사회적으로 가족적으로 우리가 행한 결과에 의해 만들어진 것입니다. 바로 경쟁과 서열화, 학력 유일주의, 과잉보호, 과도한 의존, 다양성의 상실과 학연·지연·혈연주의에서 벗어나지 못한 결과로 유지되고 있는 많은 악행들과 모순된 제도들입니다. 이러한 것들이 패배자와 같은 아이들을 만들고 아이들의 정서 상태를 절망으로 몰아가고 있습니다.

그 결과로 인해 청소년과 청년들이 겪고 있는 후유증은 다음 표에 나타난 것과 같습니다. 그리고 어른들이 아이들을 이해하지 못하고 강박적 요구를 해 아이들의 상처를 더욱 크게 하고 있습니다.

이전 세대	상처받은 세대의 심리적 후유증
강함을 추구	차라리 약함으로 위장함
위로 올라가는 삶	머무르는 삶
문제를 부정하고 도전함	문제를 수용하고 체념함
거친 세상을 이겨나감	거친 세상에 안 나감
힘내자! 파이팅!	힘쓰지 마, 상처받지 마!
오늘은 내일을 위해 존재	오늘은 오늘로 끝일 뿐이야
죽기 살기로 하기	하는 데까지 하면 될 뿐
살기 위해 해내기	의미 있으면 해보기
가족을 위하여	나 자신도 책임지기 힘들어
자력갱생	도와주지 않으면 어떻게 하라고

아이들의 내면 세계에서 상처받은 흔적은 여러 면으로 드러나고 있습니다. 아이들이 약해서 그렇다고 비난하는 것은 우리 얼굴에 침을 뱉는 것과 같습니다. 우리가 아이들을 '공부 온실'에서 키우는 동안 아이들은 자생력을 잃기도 하고 면역력도 잃었습니다. 결국 새로운 체제와 패러다임이 도입되지 않는 한 이런 청소년과 청년들에게 활기를 불러일으키기는 어려울 것 같습니다.

다수의 젊은이들이 행복하게 살 만한 새로운 체제가 필요하고, 그 체제를 위해 해야 할 일들을 지금의 어른들과 젊은이들이 힘을 합하여 해내야 합니다.

사회가 변동하고 변화하는 과정에 우리는 입구를 잘못 알고 들어왔습니다. 잘못 돌아가고 있는 세상에서 아이들을 속칭 삥삥이 돌리고 있는데, 아프지 않은 것이 이상한 일입니다. 아이들이 자신의 삶도 책임지기 벅차다고 하면서 1인분 인생을 주창하는 것은 지독한 개인주의여서가 아닙니다. 자신이 살고 싶은 방식으로 삶을 찾고자 하는 시도에 대한 분노와 울분 이후 체념한 결과일 뿐입니다.

결국 '하고 싶지 않다, 안 하는 것을 더하고 싶다, 꿈꾸지 않겠다, 달관하고 살겠다'는 청소년과 청년들의 반응 그 자체가 문제가 아닙니다. 지금처럼 닫힌 사회, 양극화된 상태에서 계층 이동이 불가능한 사회, 학벌과 자본의 신 신분제 사회에 대한 상처이기 때문에 문제가 됩니다.

본질적으로 청소년과 청년의 신체적·심리적 구조에서 좌절, 절망, 위축이 정상적 작동 방식이 아닙니다. 사회적 위협에 대한 방어로서, 그나마 남은 작은 행복감이라도 빼앗기지 않으려는 몸부림입니다.

요즘 아이들의 마음

1. 아이들이 쓰는 웹소설의 주제가 주로 '멸망' '신 종족' '이주'다

웹소설에서 주로 망하는 곳은 한반도다. 신 종족이 되어 어딘가로 이주하고 싶어 하는 욕망, 아이들의 마음이다.

2. '패드립'부터 '부모 살해' 이야기까지

부모는 사랑하고 의존하기도 하는 존재이지만 자신을 망가뜨리고 저주를 퍼붓기도 하는 가장 다루기 힘든 존재다. 부모의 기대에 부응하지 못한 것에 대해 미안해하다가 이제는 과도한 기대를 해서 부담을 주고, 자신을 인생 실패자처럼 만든 부모에게 분노를 거칠게 표현한다.

3. 학교가 폭파되면 좋겠다

학교는 아이들을 구속하는 괴물 같은 기관이며 적응하기 힘든 수용소 같은 기관이다. 막상 학교에 가서는 겉으로는 아무렇지도 않은 척하지만 너무 힘들다. '폭파가 정답'이라고 느낀다.

4. 북한보다 더 짜증나고, 일본보다 더 싫은 것, 바로 '수학'

세상을 지옥으로 만드는 수학, 수학은 공부를 하게 하는 과목이 아니라 포기를 조장하는 과목이다. 어른들은 그렇게 수학을 공부하라고 밀어붙이는 이유가 변별력 때문이라고 한다. 즉 수학으로 줄을 세워서 잘하는 아이들만 잘살게 만들 작정이라고 한다.

5. 자기 혐오와 '자해'의 대유행

인스타그램과 트위터, 유튜브에 손목 긋기, 사혈, 약물 자해를 하는 세계, 자해계가 등장하고 수많은 자해러들이 출몰한다. 자신이 싫다는 대부분의 아이들이 여러 이유로 자해를 시작한다.

6. 대거 등장한 '초등학생 섹스' 이슈

초등학생 몰카 촬영단부터 페티시까지, 일찍 갖게 된 스마트폰이 원인인지 사춘기가 빨리 온 것이 원인인지 인생이 외로워서 그런 것인지 아이들도 알 수 없다.

7. '욕'의 일상화

많은 아이들 대화가 욕으로 시작해서 욕으로 끝난다. 이 욕의 상당수는 어른 BJ들이 아이들에게 전수해 주었다. 'ㅅㅂ, ㅈㄴ, ㅈㄹ……' 이런 말이 없으면 이야기하기 어렵다고 한다. 등교해서 교문을 통과하고 나면, 언어가 바뀐다고 한다. 다름 아닌 급식체와 욕체로.

8. 내일이 오늘보다 나을 리 없다

이것이 내일을 생각하는 요즘 아이들의 표어다. 단언컨대, 지금의 아이들은 지금의 어른들보다 미래에 관해 부정적이다. 희망에 찬 60대 후기 청년들에 비해 10대 청소년들이 더 비관적이다. 희망은 어른들에게만 있는 독특한 사고방식이라고 한다.

9. 어른들이 만든 해결책으로 문제가 나아질 리 없다

'아이들은 모른다'가 아니라 '어른들은 모른다'이다. 어른들은 작금의 시대를 살아가는 청소년들의 고통을 알고 싶어 하지 않는다. 그래서 공감보다는 조롱과 비판을 한다. 이 시대를 모르는 사람들이 만든 해결책으로는 아이들이 나아질 수가 없다. 아이들에게 물어보지도 않고, 투표권도 안 주고, 그냥 있으라고 할 뿐이다.

10. '좋은 대학 강박증'은 '소수'의 문제

대학 진학 문제는 과장되어 있다. 일반 인문계 학생들 다수는 사실 관심도 없다. 아이들도 미래에 대해 걱정하지만 그 내용과 형식은 다르다. 다수가 가는 대학은 무늬만 대학일 뿐, 나오든 나오지 않든 대세에 지장이 없다고 한다. 나라가 소수의 문제에 전부를 거니까 조금 황당할 뿐이다.

11. '조물주보다 높은 존재'가 있는 미친 나라

초등학교 고학년만 되도 다 안다. 조물주보다 높은 존재가 누구인지를. 결국 부모를 잘 만난 것만큼 큰 행운이 없다고 한다. 그런 점에서 헬조선은 약간 미친 나라다. 정치인부터 시작해서 평범한 부모들까지 모두가 이상하다. 그들은 무엇으로 어떻게 행복해지는가? 힘들다고 하면서 술 마시고, 힘들다고 하면서 죽도록 일한다. 그렇게 사는 것이 행복인지 알 수가 없다.

12. '리셋'과 '이생망'

리셋 증후군. 모든 것을 원점에서 다시 시작하고 싶은 마음이 있기도 했지만 최근에는 그렇지도 않다고 한다. 리셋을 해서 다시 새로운 기분으로 살면 어떨까 싶었지만, 요즘 아이들은 다시 태어나면 인간으로 태어나고 싶지는 않다고들 한다.

3장 희망의 상실

"이번 생은 망했다"

"어른이 청소년을 포기하면
청소년은 갑자기 어른이 된다.
잘못된 어른이 된다."

— 도널드 위니캇

요즘 아이들의 새로운 비명, '이생망'

"이미 오래전에 망했어요"

여고생 한 명이 방문했습니다. 몇몇 병원을 전전하다 저에게 왔다고 합니다. 반복적인 자살 시도로 인해 응급실에 이삼 일에 한 번씩 가고 있었고, 칼로 하는 자해, 약물로 하는 자살 시도, 옥상에 오르기 등 걱정되는 일이 한두 가지가 아니었습니다.

자살이나 자해의 원인은 없고 최근 시도한 기록만 담긴 소견서를 보고 난 뒤, 이 학생이 정말 힘들게 지내고 있을 것이라는 생각이 들었습니다.

상담자: 정말 힘든 일들이 많은가 보구나, 최근에 더 힘들어진 일이 있는 거니?

아이: 아니요. 그냥요. 특별히 더 힘든 일은 없어요.

상담자: 아…… 그래, 더 힘든 일이 없다고 하니 약간 다행이긴 한데, 그래도 연속적으로 자해, 자살 시도를 하고 있으니 주변에서도 그렇고 다들 걱정이 이만저만이 아닐 것 같은데…….

아이: 그래서 좀 귀찮아요. 원래 귀찮았는데 더 귀찮아졌어요. 그것뿐이에요.

상담자: 특별히 힘든 일은 없는데 단지 사는 것이 귀찮아졌을 뿐인 거니?

아이: 네, 맞아요. 산다는 것을 포기하고 나서는 마음이 편해져서 힘든 것은 없어요. 그냥 다 귀찮은 것투성이에요. 그래서 그냥 빨리 죽고 싶어요.

상담자: 포기? 아, 포기한 이후에 무언가 달라진 것이 많은 거구나, 포기라, 아…… 그러니까 힘든 것은 최근 일이 아니라 아주 오래 전부터겠구나…… 그치?…… 선생님 마음이 조금 아파오네. 네가 오래전에 포기할 때 진짜 힘들었을텐데…….

아이: 됐어요. 지금 그딴 얘기를 새롭게 할 생각은 없어요. 생각하기도 싫어요. 이미 오래전에 망한 인생, 그딴 것을 이제 와서 떠올리면 정말 더 빨리 죽고 싶어요.

　

이렇게 그 학생과 첫 만남을 한 이후로 이야기를 나누기 시작했습니다. 이 친구의 이번 생은 이미 오래전에 망했고, 그래서 지금 죽은 듯이 살고 있고, 이불 밖 세상이 싫으며, 지금 포기하고 사니까 전보다는 편한데, 삶이 너무 지루하고 귀찮은 것투성이라고 합니다. 그리고 앞으로 남은 것은 남루하고 비천한 생애를 살아가면서 해야 할 헛고생뿐이랍니다.

살아 있는 순간과 더불어 그 하루하루를 버텨내는 것이 귀찮고 의미가

없다는 그 아이를 통하여, 어떻게 이런 심경의 단계에 왔는지 몇 개월에
걸쳐서 잘 들어보았습니다. 그것을 정리해 보니까 이런 내용이었습니다.

- 초등학교 때 친구 그룹에서 조금 잘난 척했다는 이유로 왕따를 당
  했다. 이때 부모, 선생님, 아무 도움 안 되었다. 그런데 본인은 아직
  도 그때 왕따가 이해가 안 되고 분이 안 풀렸으며, 그때 자신을 따
  돌리고 괴롭힌 아이들이 용서되지 않는다.

- 그때 부모에게 이사 가자고, 전학 보내달라고 도움을 요청했으나 부
  모가 진지하게 대처하지 않았다. 그런 부모를 겪으며 부모에 대한 희
  망이 사라졌다. 매사를 더 잘해내서 당당히 그 아이들을 이겨내라고
  할 때 마음에서 부모를 지웠다.

- 초등학교 6학년부터 중학교 1학년 여름방학까지 몰래 사귀던 남자
  친구가 중학교 1학년 2학기 들어서자 배신했다. 그 과정에서 또래
  여자친구든 남자든 다 믿을 수 없다고 생각했다. 인간은 못 믿을 존
  재라는 재수 없는 엄마 말만 확인했다.
  이 사실을 부모는 잘 모르고, 친한 친구들만 알고 있었는데, 나중
  에 알고보니, 베프들, 남친과 또다른 아이들까지 다 한통속이었다.
  그래서 그때 처음으로 죽고 싶었다. 아이들이 너무 무섭고 세상이
  싫었다. 정말 많이 울었다. 아무도 모르게.

- 실연과 배신 과정에서 우울해졌고, 중학교 2학년부터 성적이 대폭

떨어졌다. 그 떨어진 성적으로 인해 엄마가 난리를 피우고, 학원 다 바꾸고, 학원 선생들까지도 자신을 엄청 괴롭혔다. 이때, 도움 안 되는 엄마는 정말 마음속에서 지웠다. 하지만 아빠는 아무 도움도 안 되고, 대화도 나누지 않았다. 형제인 오빠는 이기적인 놈이어서 원래부터도 서로 신경 안 쓰던 사이였다.

• 자신이 이미 한심한 인간이 되었고, 성적을 올릴 자신도 없고, 그럴 마음도 없다. 멍때리고 지내다가, 아이들에게 자해 이야기를 듣고 중3부터 자해해 왔다. 기분이 후련해지는 것도 있고, 정신차려지는 느낌도 들었다.

• 특목고를 가지 못하고 일반고에 가서 지내다보니 더 엄마의 잔소리가 심해지고 내신 1등급 요구가 커졌다.
자해를 들켰다. 호들갑을 떨며 엄마가 난리를 피웠다. 아무것도 요구 안 한다, 기대도 낮추었다, 그저 너 하고 싶은 것만 하라고 하면서 엄마는 뒤로 물러나서 편해졌다. 그러나 엄마가 친척과 친구 엄마 등 주변에 자신의 기대가 깨졌다고 말하고 다닌다는 말에 경악했다.
엄마 자신도 우울해서 상담받으러 다닌다고 한다. 왠지 엄마에게도 죄인인 것 같고, 집에 있어도 숨막히는 기분이 든다. 지금도 최대한 없는 사람처럼 지내려고 한다. 그렇게 귀찮게 하는 사람으로 있는 것보다 사라지는 것이 더 낫다는 생각이 올라올 때 자살 시도를 한다.

• 자살 시도하니까 응급실 데려가고, 또 정신과 의사 바꾸고 하는데,

큰 도움이나 계기가 만들어지는 것은 아니고 먹는 약만 늘어났다. 이제 공부도 오래 놓아서 자신 없다. 이번 생애는 망했다. 다음 생애는커녕 내일이 오는 것도 바라지 않는다. 남은 것은 고통스럽고 찌질하고 궁상맞게 사는 것을 어떻게 버틸 것인가 하는 것뿐이다. 다행히 힘든 것은 많이 사라지고 귀찮음만 남았다.

다시 태어날 일은 없겠지만. 만일 그런 일이 일어난다면, 높은 산 사람들의 발길이 닿지 않는 곳의 바위로 태어나길 바란다. 인간 없는 높은 곳에서, 인간들을 비웃어주고 싶다. 살아봤자 별것 없다고.

기운 없이, 그렇지만 담담하게 이야기를 하는 아이가 한편으로 대견스럽기도 했지만, 아이가 겪게 된 좌절이나 어려움을 민감하게 알아내고 대처하지 못한 어른들의 실패가 아쉬웠습니다.

지난 3년간 우울이 삶의 친구처럼 아이를 따라다녔습니다. 친한 친구들의 배신으로 인해 사람에 대한 신뢰를 잃었으니 이를 회복하는 것이 무엇보다 중요했습니다.

상담 작업을 통해 다시 인생이 살 만하다는 방향으로 희망을 주기 위해서는 생각보다 많은 시간이 필요하고, 더불어 요즘 아이들의 삶에 대한 이해가 필요하다는 것을 알았습니다.

다행히 아이는 지금도 찾아와서 이런저런 귀찮고 힘듦에 대해 이야기하고 있습니다. 누군가와 이야기하고자 하는 마음이 생긴 것, 이것이 일어난 현재의 유일한 변화인데, 부모님은 조금 더 큰 변화를 원하고 있습니다. 그것이 무엇인지는 아마 여러분들도 잘 아실 것입니다. 안타까움이 아직도 마음에 가득합니다.

시대의 상처는
아이들에게
희망을 빼앗아가는가?

승자독식 사회에서 스몰 트라우마에 시달리다

많은 상담가와 의사들이 놀라고 있습니다. 아이들 사이에서 유행하는 노래(대박자―대가리 박고 자살하자 송 등), 즐겨 보는 유튜브 개인 방송(신○○과 **맨 등), 조절되지 않는 아이들의 감정 폭발, 자해, 은둔, 뜻밖에 너무 많은 무기력한 아이들…….

하루에도 여러 번 부모님, 선생님들이 연락해 옵니다. 아이들의 예상하지 못했던 감정적 반응과 허무하고 황량한 태도에 어른들은 당황스럽다고 하면서, 이 아이들에 대한 이해를 위해 해석 혹은 통역을 해달라는 부탁을 받습니다.

어떤 때는 정말 예기치 못할 대담함을 보이다가, 어떤 때는 정말 다 늙은 조숙한 어른아이 같은 모습을 보이다가, 어떤 때는 아무 자립능력이 없는 철없는 아이 같은 모습을 보이는 여러 얼굴의 아이인 것 같기도 합니다. 또는 청소년기의 전통적인 변화무쌍함에다가 이 시대의 불안과 피로, 절망이 보태져서 어른들이 예상하지 못했던 생각이나 행동을 보이는 아이들이 전보다 늘었다는 느낌이 든다고도 합니다.

무엇보다 하나 혹은 둘밖에 없는 자식들의 분노, 울분, 포기, 단념 그리고 뻔뻔함…… . 그런 아이들을 이해하지 못하겠고 소통이 단절되었다는 느낌으로 인해 부모들의 불안이 높아지고, 학교 선생님들의 당황스러움이 커지는 것 같습니다. 이 책에서 서술했지만 다양한 변화가 빠르게 스마트폰을 타고 우리와 우리 자녀들에게 전해지고 있습니다.

저성장　　저출생　　고령화

불완전 고용　　복지의 사각지대　　높은 격차

부족한 신뢰 및 사회자본

빠른 산업구조의 변동(4차 산업혁명 등)

여러 중첩된 사회적 위기 속에서 우리 아이들, 청소년과 청년들이 지금 이 고난의 협곡을 패기만만하게 진군하고 있지 않습니다. 정부와 대통령이 미래를 희망차게 만들겠다고 불을 지피고 있지만, 아이들 사이의 분위기는 아직 희망보다 절망과 불안이 지배적입니다. 그 과정에서 이전보다 더 심해진 세대 간의 소통 단절과 부딪힘으로 인해 스몰 트라우마(small trauma, 자연재해나 큰 사건과 사고로 인한 트라우마가 아닌, 대인관계로부터 비롯되는 작지만 축적되는 트라우마)를 주고받고 있습니다.

여러 교육제도와 입시 관련 제도는 특히 아이들에게 희망으로 다가오지 않습니다. 현대사회에서 학교의 위치나 기능, 역할에 대한 변화에 아랑곳하지 않는 교육행정은 아이들에게도, 교사에게도, 부모에게도 큰 상처가 되고 있습니다. 21세기의 아이들에게 구시대의 행정이 잔존하는 문화를 적용하는 과정에서 우리 모두 몸살을 앓고 있습니다. 이 과정에서 아이들은 지속되는 부정적 사회 주기의 흐름에 밀려 들어가 다음과 같은 고통스런 생애를 살아가야 합니다.

- 더 일찍부터 더 심각하게 시작된 왜곡된 공부(학대)
- 기형적 사교육 문화와 평가 체계
- 더 일찍 시작된 학교와 학원의 왜곡
- 아이들 사이에 더 격심해진 경쟁
- 더 일찍 결정되는 진로 시스템
- 소수만 행복한 교육제도와 입시제도
- 좋은 일자리의 부족
- 고착되어 신분으로 자리잡는 사회적 격차
- 부모 세대보다 더 빈곤해질 가능성이 높은 세대
- 부모의 집보다 더 빈곤한 지역에서 출발하고 부모 집과 같은 집에 자력으로 들어오기 위해 더 긴 세월 일해야 하는 첫 번째 세대
- 더 극심하게 해체된 지역사회
- 더 심해진 사회적 양극화
- 더 독과점된 기업 및 취업 체계
- 더 부패한 관료들과 정치인들의 비민주적 체계

어느 하나 청소년과 청년들에게 반가운 소식이 없습니다. 이 어려운 시대의 사회적 역행과 흐름에 어떻게 응답하고 대처하자는 뚜렷한 목소리는 촛불 혁명 만큼의 목소리를 지속적으로 내지 못하고 있습니다. 이 상태에서 우리는 더 느려진 변화를 감내해야 합니다.

그러므로 각자의 청소년과 가족, 우리가 결정해야 하는 방식은 우리 스스로 길을 찾아나서야 하는 각자도생의 행군입니다. 그래서 이 무겁고, 어둡고 힘든 체제를 이겨내려는 사람들과 손잡고 각자의 주체성과 고유성에 기반한 행복을 찾아야 합니다.

서글픈 소식은, 승자독식 사회이면서 일등주의 사회의 체제를 전복시키지 못한 상태이기에 너무 많은 청소년들이 미성취자, 패배자, 엑스트라, 부상자, 중도탈락자, 중독자가 되고, 우울증 환자가 되고 있다는 사실입니다.

그 바탕이 되는 깊은 감정은 모두 미안함, 수치심, 혐오감 같은 부정적인 감정들입니다. 특히 가장 짙은 감정은 수치심과 자기혐오감이고, 이것이 상황에 따라 다른 옷을 입으면 여러 혐오감과 공격성, 행동화로 표출됩니다.

그리고 아이들은 이 감정들에 뿌리를 둔 여섯 가지 대처 양식인 '순응' '무기력' '자해' '중독' '은둔' '비행'으로 자신의 상처를 스스로 보듬고 있습니다. 또는 이 과정에서 아이들은 모두 자신의 본질적 욕구나 본성을 제대로 펼치지 못합니다. 시대가 준 상처를 피하기 위해 아이들은 '거짓 자아(진심으로 보이는 모습이 아니라 상황에 대처하기 위해 혹은 자신을 보호하기 위해 일시적으로 사용하는 자아)'를 만들어 그들의 말을 빌리면 '스마일 증후군' 상태로 지내고 있습니다.

'망한 감정'은
어떻게
만들어지는가?

아이들을 옥죄는 우리 사회의 성공 법칙

이번 생은 망했고 삶이 지루하고 귀찮다고 하는 '이생망' 심리는 어떻게 만들어졌을까요? 우리 사회의 획일성, 능력주의, 혹독한 경쟁과 비교, 경쟁에서 뒤처진 이들에 대한 혐오와 모멸 때문입니다.

획일성

그 많은 아이들이 '이생망'이라고 하는 이유는 어른들이 아이들에게 원하는 목표, 이 사회가 만들어놓은 성공의 법칙이 획일적이기 때문입니다.

한국 사회의 성공 법칙

• 공부 잘하기 아니면 다른 것을 특별하게 잘하기(김연아, 박지성, 박

태환처럼)

- 좋은 대학과 직장 가기, 권력이나 자본에 기대어 돈 많이 벌기(부동산, 주식) 그래서 걱정 없이 살기

많은 아이들이 일단 공부 잘하기도 안 되고, 특별히 무언가를 잘하기도 되지 않으면, 과거보다 더 실패한 것으로 간주됩니다.

한국 사회는 아주 획일적 사회입니다. 다양한 삶, 행복, 꿈이 광고되고 홍보되는 것 같지만 속마음과 실제 행동은 여전히 획일적 기준에 의해 강요되고 있습니다. 이러한 기준 하에서 나머지 요소들은 상황에 따라 통제되고 있을 뿐입니다.

이 기준에서 잘하지 못한다고 평가받는 아이들은 모두 이번 생애에 빛을 보기가 어렵다고 느낍니다. 우리 사회에서는 공부 말고 다른 세상의 다양한 일들을 잘하는 것이 인정되지 않습니다.

능력주의

획일적 기준 하에 우수한 결과를 낼 능력이 없으면 이 사회는 그 사람을 필요로 하지 않는다는 분위기가 더 강해졌습니다. '쓸모가 없다면 필요도 없다'는 분위기는 아이들 사이에 파다하게 번져 있고, 아이들의 마음에 굳건하게 심어져 있습니다.

여러 이념적 광고나 공익 캠페인에도 불구하고 능력주의는 아이들에게 한층 더 강화되어서, 특정한 능력의 영역에서 기본 혹은 평균에 도달하지 못하면 제거되거나 제외되어야 한다는 생각이 팽배합니다. 아이들의 욕, 친구들에 대한 비난은 바로 이 능력의 미달에 초점이 맞추

어져 있습니다.

획일적 기준 하에서 능력을 발휘하지 못하면 이번 생애는 일단 인정받기는 어렵습니다. 그래서 이생망 문화의 밑바탕에는 강력한 능력주의가 작동합니다. 일하지 않는 자는 먹지도 말 것이며, 일할 수 없는 자는 더욱 먹지도 말아야 하고, 일을 제대로 하지 못할 인간들은 태어나지 말았어야 한다는 잔혹한 도그마들이 아이들의 세계에 자리잡고 있습니다.

혹독한 경쟁

획일적인 기준에 따라 능력에 기초해 강력한 경쟁이 진행되고 있습니다. 그리고 이 경쟁의 결과에 따라 가치가 결정됩니다. 아이들 사이의 경쟁으로 시작된 이 경쟁은 곧 부모들의 경쟁이고, 학원들의 경쟁이고, 부동산의 경쟁입니다. 그러므로 이 경쟁은 살벌하고 혹독한 경쟁으로 전환됩니다.

아이의 공부와 그 성적의 결과는 단순한 가정에서의 결과로 끝나지 않고 부동산 가격에까지 영향을 미치므로, 거시적으로는 아이들을 공부시키는 것이 가장 큰 소득을 올릴 수 있는 경제활동 중 하나입니다.

이 첨예한 경쟁의 무거운 압력은 아이를 짓누릅니다. 그래서 아이들 사이에 경쟁에 대한 패배의 두려움으로 인해 성적을 매수하거나 거래하는 문화도 생겨나기 시작합니다. 아이들의 경쟁은 더 하향 연령화되고 더 교묘하고 정교화되었습니다. 그리고 이 경쟁에서는 패자부활도 어렵고 재기도 어렵습니다. 경쟁에서 밀리면 당연히 '이생망'입니다.

피 말리는 경쟁의 승패에 대한 복잡한 감정의 파동이 이미 유치원부터 시작해서 초등학교에 만연하고, 그래서 경쟁체제로부터 이탈하겠다는 아이들이 초등학교부터 나오기 시작합니다. 초등학교에서의 과목 포기자, 즉 수학 포기자들은 새로운 문화로 정착되고 있습니다.

한국 아이들은 자신의 현실을 흔히 전쟁터라고 부르곤 합니다. 아이들은 그야말로 전사처럼 살고 있습니다. 이 전쟁같은 경쟁에서 밀리기 시작하여 포기하고 단념할 수밖에 없는 아이들은 결국 이생망을 선언합니다. 점차 많은 아이들이 이생망 진영으로 찾아들고 있습니다.

비교와 서열

획일적 기준에 따라 능력을 경쟁하는 결과는 철저히 비교됩니다. 한 아이를 놓고서 다양한 비교가 이루어집니다. 집안에서는 형제끼리 비교되고, 친구들 사이에는 친구들끼리 비교되고, 친척들 간에는 친척들끼리 비교되고, 남학생과 여학생이 비교됩니다. 같은 지역 안에서 아파트 브랜드와 학교끼리 비교되고, 도시와 지자체끼리 비교됩니다. 아시아 국가끼리 국제학업성취도가 비교되고, 세계 모든 나라가 비교됩니다.

아이들은 이 비교에 대해 알레르기가 있습니다. 그래서 비교하는 부모의 발언에 대해 발작을 일으키다시피 합니다. 하지만 어른들은 경쟁의 결과로 얻어지는 서열을 전후좌우로 비교하기를 마다하지 않습니다.

이는 아이들의 수치심을 강화하고, 서열에 대한 민감함을 일으키고, 이번 생애가 망했다는 것에 대한 확증을 제시하는 행위입니다. 그래서 아이들은 흔히 비교의 대상이 되곤 하는 사촌도 만나지 않고, 부모나 선생님이 자신과 비교하는 아이들을 재수 없어 하고, 비교당할 때 열등한 위치에 있는 자신을 미워하게 됩니다.

혐오 혹은 모멸

획일적 기준으로 능력에 의해 경쟁체제에서 승리하지 못한 아이들에게 주어지는 것, 패배로 남겨진 아이들에게 주어지는 것, 비교해서 하위에 해당되는 이들에게 남겨지는 감정은 혐오감 혹은 모멸감입니다.

어른들과 잘하는 아이들이 내뿜는 혐오감과 모멸감이 가정에서, 학교에서, 학원에서 공기 안에 배어 있다고 할 정도로 팽배합니다. 식충이부터 멍충이에 이르기까지, 아이들 문화 안에서도 '잘하지 못하는 아이'를 견뎌주지 못하는 문화가 그득합니다. 어른들에게 배워서, 어른들이 혼내듯이 아이들도 자기 또래 아이들을 마구 혼내고 비난합니다. 비난과 욕설이 난무합니다.

적지 않은 아이들이 혐오와 모멸을 견뎌내야 하는데, 어리면 어릴수록 이런 비난이나 조롱, 멸시를 감당할 수 없습니다. 어릴수록 아이들은 방어에 약하고, 대처 방법도 모르기 때문이지요. 그래서 아이들이 도망가기 시작합니다.

전보다 일찍 이런 감정을 접하므로 아이들이 더 일찍 이 체제에서 도주하기 시작합니다. 그래서 다양한 문제행동이라고 부르는 일들이 더 어린 연령에서 시작됩니다. 어린 아이들의 분노는 이해할 수 없을 정도로 크고, 어린 아이들이 마치 어른같은 반사회적 행동을 하는 것입니다. 때로는 자살에 이르기도 합니다.

또다른 아이들은 자신들이 받은 혐오나 모멸감을 되돌려주고 싶어하고 복수하고 싶어 합니다. 일베나 다른 혐오사이트를 맴돌기도 합니다. 이번 생애는 망했기 때문에 어떤 짓을 저질러도 상관없다고 생각합니다.

'개·돼지보다 못한', 인간 이하의 존재라는 느낌은 여러 갈래로 번져 나갑니다. '인간으로 태어난 것이 잘못이다'라는 존재에 대한 비난부터 '시대를 잘못 만났다'라는 시대 불화, 그리고 '개쓰레기가 무엇인지 인간이라고 우기는 것들에게 보여주고 싶다'는 복수심까지 아이들의 마음은 괴롭게 번민하고 방황합니다.

요동치는 마음을 잡지 못하고, 감정 기복이 안정되지 않는 채로 지내다가 현실에서의 여러 스트레스를 만나면 아이들은 폭발하게 됩니다. 처음에는 분노와 울분에 가득 찬 상태로 이번 생애가 망했다고 느끼지만, 시간이 지나면서 점차 '이생망'의 고통을 다양한 방법으로 분사시킵니다. 그 고통을 그대로 느끼며 살 수는 없으니까요.

이생망의 시작은 어른이었다

아이들이 처음부터 스스로 '이생망'을 외치고 비명을 지르기 시작한 것은 아닙니다. 이생망의 시작은 어른들이었습니다.

"네 싹수가 노랗다. 네 인생은 글러먹었다. 네 인생은 망한 것 같다. 아직 그런 문제도 풀지 못하다니 도대체 뭘 한거냐? 넌 이번 생애에는 안 될 것 같다."

아마도 어른들은 정신차리라는 입장에서 그런 말을 했겠지만, 아이들에게 미래가 없다고 말하고, 상처를 주고, 아이들을 포기하고 내버린 것은 분명합니다. 그리고 어른들이 아이들을 포기하면서 내뱉은 이 말들을 아이들이 가져다 쓰기 시작한 것입니다.

아이들의 인생에 대한 판정은 이미 어른들이 시작해서, 이 사회가 하고, 그리고 입시제도를 포함한 여러 제도와 문화가 해왔습니다. 이 판정이 아이들에게 '망함의 감정'들을 강하게 느끼게 했음을 우리는 기억해야 합니다.

이생망의 고통에 대한
여섯 가지 방어

첫 번째 방어, 순응하는 삶

아이들은 부모가 시키는 대로 살고, 부모에게 구박받으며 살지만, 부모로부터 쫓겨나지 않고 지속적으로 의존하며 지내기로 합니다. 자신이 원하는 것보다 부모나 학교에서 원하는 것에 최대한 맞추고, 그것이 자신이 원하는 것인 양 노력하고, 부모라는 방패 아래서 거친 세상을 살아가기로 합니다.

순응하기로 하는 아이들은 부모가 제공하는 안전과 부모의 것을 물려받거나 전수받을 날을 기다리며 살아갑니다. 특히 부모가 조물주보다 높은 건물주라면 더 말할 필요도 없습니다. 최대한 모든 시늉을 다해 순응합니다. 모멸을 받는다 하더라도.

간혹 진료시간에도 이런 아이들을 봅니다. 온갖 고액 과외를 하는데도 불구하고 성적이 오르지 않을 때 부모들은 우울증과 불안증의 시나리오까지 생각합니다.

이런 친구들은 그런 어른들의 세계에 속내를 드러내지 않습니다. 다만 참고 순종합니다. 본연의 자신을 드러내어 도전하고 박차고 나가봤자 세상은 더 차갑다고 느끼니까요. 부모의 모멸이 세상의 박대보다 그래도 낫다고 생각하는 아이들의 현실감이 가끔 오싹할 때도 있습니다.

이 아이들은 자신의 진짜 삶은 망했다고 판정하고, 이 망한 생애를 버티는 유일한 길은 가짜의 삶이긴 하지만 부모에게 빌붙어 가는 것이라고 생각합니다.

두 번째 방어, 무기력하게 지내는 삶

무기력하게 살기로 결정한 아이들의 경로는 모두 다릅니다. 그냥 그렇게 살기로 한 것입니다. 많은 경우 그런 의미에서 현상적 무기력은 마치 죽어 있는 사람들의 행태처럼 보이지만, 아이들은 그 무기력의 껍데기를 뒤집어쓰고 은신하고 있는 경우가 많습니다. 그 은신이 길어지지 않고, 무기력을 떨쳐버릴 기회가 주어진다면 날아오를 수도 있습니다.

무기력한 아이들은 획일성이라는 사회적·제도적 폭력 때문에 양산되는, 어찌 보면 가장 정직한 반응을 보이는 아이들이라고 할 수 있습니다. 무기력한 것은 어쩔 수 없는 결과입니다.

세상의 많은 아이들이 각기 다른 여러 재주를 타고났는데, 그중에 한 가지 재주 쓰는 아이들만 잘한다고 하고, 또 그 재주 말고 다른 재주는 쓰지 말라고 하면, 나머지 재주꾼들은 구경이나 하고 뒹굴뒹굴하면서 재주를 썩히는 수밖에 없습니다. 낮잠이나 자는 수밖에 없습니다.

그리고 그 한 가지 재주를 잘 쓰는 아이들이 금은보화와 권력을 다 가지게 될 것이라고 하면, 대들거나 싸우는 것 말고는 할 수 있는 것이 없습니다. 싸워봤자 소용도 없으니, 그냥 잠이나 자기로 한 것입니다.

그러는 동안에 타고난 재주까지 까먹지 않고 어른이 되면 다행입니다. 하지만 많은 아이들은 자신이 원래 지녔던 재주까지 모두 잊습니다. 이것이야말로 참 불행한 일입니다.

이번 생애는 자기가 지닌 재주는 세상이 필요 없다고 하고, 자기가 좋아하는 것은 하지 말라고 하니, 그야말로 망했습니다. 이런 세상에서 기력을 내서 할 일이 없습니다. 그래서 할 일 없이 지내고 있는데, 어른들이 그것을 무기력이라고 하고, 무기력하게 지낸다고 할 뿐입니다.

세 번째 방어, 자해하는 삶

최근에 급증했다고 보도되고 있고, 실제로 임상현장에서도 연일 만나는, 손목 긋기, 허벅지 긋기, 사혈, 약물 과다 복용 등으로 자해하는 아이들이 있습니다. '이번 생애가 망했다'라고 직접 말하는 가장 큰 집단입니다.

아마 그런 아이들을 모아서 학급을 구성한다면 여학교에서는 한두 학급을 별도로 구성할 수 있고, 남녀공학 학교에서는 적어도 한 학급 이상은 구성할 수 있을 정도입니다.

뜻대로 되지 않는 삶, 원하지 않는 삶을 사는 자기 자신에게 처벌하는 의미로 자해하기도 하고, 그런 삶을 살아야 하는 것이 고통스러워서 자해하기도 하고, 이 망해가는 삶 속에서 정신을 차려야 하기에 자해를 하기도 합니다.

자해가 모든 문제를 해결해 주지 않지만 잠시나마 고통을 치환해 주거나, 타인들에게 고통을 알리거나, 비슷한 친구들끼리 연대하면서 위로할 수 있는 방식이기도 합니다. 여학생이 압도적으로 많습니다.

아이들은 "이 망한 삶을 살면서 자해라도 하지 않으면 어떻게 사는가?"라고 하면서 스스로를 '자해러'라고 부르고, '자해계'라는 세상을 만들어 자기들끼리 소통을 꾀하고 있습니다. 자해를 통하여 어른들에게 고통을 알려, 고통이 덜어지는 계기를 갖게 되는 아이들도 있고, 자해를 해도 고통이 더해가는 아이들도 있습니다.

아이들이 자신의 몸을 망가뜨려가면서 이 생애의 부당한 삶을 세상에 알리고 있다는 것을 어른들은 알아야 합니다. 그런데 어른들이 자해한다고 혼내고 이를 금지하는 일에 매달리면서도 자해하는 그 기저에 있는 좌절을 알아주지 못하면 아이들은 더 큰 결심을 할 것입니다.

원래 자해가 반드시 자살과 연관되어 있지는 않은 행위였지만, 일부 자해러들은 자살러로 변신하기도 합니다. 문제는 이렇게까지 호소하는 아이들의 간절한 요청을 이 사회가 받아들여주는가 그렇지 않는가에 달려 있습니다.

아이들의 자해 대유행 현상은 사회에 대한 더 큰 집단행동으로서의 메시지입니다. 병든 아이들의 신음을 듣고도 이것을 치유할 생각을 하지 못한다면 사회적 방임에 다름 아닙니다. 그렇다면 아이들의 판단이 옳았다고 할 수밖에 없습니다. 맞습니다. 이번 생애는 망한 것입니다.

네 번째 방어, 중독되어 사는 삶

오래전부터 우리 사회에서 스트레스에 약한 남학생들부터 시작된 청소년들의 중독은 심각한 문제였습니다. 서구사회처럼 마약으로 가지는 않았지만 우리 사회의 인터넷·게임·스마트폰 중독에 이르기까지 이런 문제들은 20여 년 동안 지속되고 있습니다. 우리의 풍부한 인프라와 게임 세계, 이후에 더 확장된 '손바닥 안의 세상' 스마트폰을 통한 유튜브 세계로의 이주로 중독 문제는 지금도 계속되고 있습니다.

중독되어 사는 아이들을 만나서 이야기해 보면 이 세상 사람이라기보다는 게임계에 살아가고 있고, 몸만 현세에 걸치고 있는 것이라는 느낌이 듭니다.

그들은 일찍이 부모와 사회가 제시한 경쟁에서 도주해, 그들이 싸워야 할 다른 대상을 만들어서 그들과 싸우며 지내고 있습니다. 현실을 도외시하고 게임 세계에서 싸우고 어울리며, 그곳에서의 경쟁에 집착합니다.

그들은 세상과 해리되어 지내다가 육체에 어쩔 수 없이 채워야 하는 기름을 채워넣기 위해 세상으로 돌아온다는 식입니다. 일어나면 게임을 하고, 잠들기 전까지 틈만 나면 게임을 하고, 깨어 있는 다른 시간에는 게임하는 아이들과 카카오톡, 메시지를 주고받으면서 다른 세상을 보지 않으려고 애쓰며 그 세상에 침잠합니다.

저는 이 그룹의 친구들을 가장 많이 만나왔는데, 시간이 지나 속을 털어놓는 것은 허무하다는 이야기입니다. 그들의 허탈한 마음 속에는 지극한 공허가 가득했습니다. 게임에 빠지는 것은 그냥 시간 죽이기, 자기 자신을 죽이기에 다름 아닌데, 이것을 어떻게든 미화해서 방어하고, 그 속에 자신을 가두어왔다고 고백합니다.

왜냐하면 게임에 자신을 가두지 않고 현실 안에서 이 사회의 삶을 산다면, 자신의 이번 생애가 망했다는 것을 느낄 수밖에 없기 때문이라고 합니다. 현실에서의 고통을 일찍부터 느끼면서 그 고통을 피하기 위해 게임처럼 화끈한 것이 없었기에 시작했고, 그러면서 회피하고 해리하며 지내는 삶에 익숙해져서 온갖 거짓에 충실해졌다고 합니다.

아이들은 자신의 삶을 즐겁고 재미있게 살 수 없다는 이 현실로부터 도주하고 싶어 합니다. 그리고 야속하게도 세상은 도주할 곳까지 마련해주었습니다. 인터넷 게임, 스마트폰 게임을 포함한 온갖 현실같은 비현실, 혹은 비현실 같은 현실이 어렵지 않게 중독에 빠지게 해줍니다.

결국 게임 중독은 그냥 도태되는 아이들을 처리하는 방법 중 하나 아닌가 하는 생각이 듭니다. 그렇게 이번 생애는 망해가는 것으로 처리됩니다.

다섯 번째 방어, 은둔하는 삶

사회에 나가지 않고 살기로 하는 아이들이 있습니다. 일명 '은둔형 외톨이'라고 불리는 아이들입니다. 일본보다는 덜하지만 우리도 한때 이런 은둔하는 청소년, 청년을 사회적 문제라고 말한 적이 있습니다.

다행히 우리 아이들은 일본과 같은 속도로 사회로부터 자신을 차단시키지는 않았습니다. 하지만 진료실에 자주 찾아오는 부모들 중 한 부류가 이런 문제로 고민합니다. 방문을 잠그고 지내는 아이들부터, 거실에 나와 지내기는 하기만 좀처럼 현관 밖을 나가지 않는 아이들까지 그 양태는 다양합니다.

방 안에서 6개월 이상 컴퓨터만 가지고, 사람을 만나지 않고 살 수 있다는 것이 도저히 이해가 되지 않는다고 하는 분들이 있습니다. 하지만 아이들에게는 사람이 피해야 할 대상이기에 그렇게 하는 것입니다.

은둔에도 여러 유형이 있고 각각의 다른 사연이 있습니다. 따돌림과 괴롭힘은 흔한 사연이고, 선생님을 포함한 어른들에게 좌절한 경험도 비교적 흔한 사연입니다. 사회에서 겪은 좋지 않은 경험 속에서 아이들은 어느 날 집 밖에 나가기 두려워서, 혹은 가족까지 두려워서 방 밖에서 살 수 없다고 결단합니다. 이번 생애에 남과 어울려 사는 것은 불가능하다고 그 순간 판단하는 것입니다. 스스로 사회적 존재로서의 사망을 선언하는 것입니다.

은둔도 단순한 과정은 아닙니다. 어느 날 갑자기 자신의 방문을 잠근 것이 아니라 오랜 시간에 걸쳐 고심한 끝에 내린 결론입니다.

"세상, 사람이 안전하지 않다. 나는 이 세상을 살아갈 에너지가 없다. 도무지 세상을 이해할 수 없다."

이런 판단을 내리게 된 그들의 고유한 경험에 대한 이해 없이는 그들을 강제로 끌어낼 수가 없습니다.

돌이켜 생각해 보면 지금 세상의 한 부분은 어떤 아이들에게 도무지 살아갈 수 없을 정도로 각박하고 야속하고 잔혹합니다. 그 아이들이 발을 담글 수 없는 세상이라는 것입니다. 아이가 문제인지, 세상이 문제인지를 생각해 보아야 합니다.

이번 생애에는 이 세상 중 어느 곳에도 자신이 다른 사람과 살을 맞닿으면서 살아갈 공간이 없다고 하는 아이들이 늘고 있다면, 우리가 다양한 아이들이 살아갈 수 없는 세상을 만들고 있다는 것입니다. 즉 특정한 아이들만 살 수 있는 세상을 만들고 있는 것이지요.

여섯 번째 방어, 비행을 일삼는 삶

규칙을 어기고, 기물을 파괴하고, 나이에 맞지 않는 행동을 하는 아이들은 언제나 있었습니다. 그런데 요즘 약간 다른 아이들이 있습니다. 부모가 보라는 듯이 비행을 저지르고, 부모가 포기하기를 바라며 그래도 부모가 포기하지 않으면 또 비행을 저지르는 일명 '기대 포기형 비행 청소년들'입니다.

아동기부터 심한 학대를 당하거나 절대적인 박탈을 당해 깊은 반사회성을 갖고 있는 아이들이 아니라, 부모의 기대에 부응하지 못해 속을 썩였던 슬픔만 가지고 있는 아이들입니다.

슬프고 서글펐던 그 아이들이 이제 담배에도 손을 대고, 술에도 손을 대고, 선생님에게 대들기도 합니다. 좋아하는 선생님이 혼내면 꼼짝 못하지만, 마음에 안 드는 선생님이 혼내면 대들기도 합니다. 이 아이들을 꼭 진단하라고 하면 적대적 반항장애와 품행장애의 중간쯤에 해당됩니다.

혹독한 부모나 학교에서의 이분법적인 판단(선과 악, 잘하고 못하고, 기대에 부응하고 기대를 벗어나고)이 아이의 마음에 심어져, 세상의 악이 자기인 것처럼 생각합니다. 하지만 그렇게 악하지 못한 아이들이 있습니다.

이성 친구도 생각보다 빨리 사귑니다. 엄마의 품이 차갑다고 느낀, 즉 엄마의 기대에 부응하지 못해 엄마의 품에 안길 수 없는 설움을 달래줄 애인인 친구들과 가깝게 지내는 아이들입니다. 이 아이들도 마음속 깊이 '이생망'이라고 느낍니다. 이생망이라 화도 나고 미안하기도 합니다.

그러나 이제 부모의 마음에, 뿐만 아니라 자신이 좋아하는 사람들의 마음에 기쁨을 안겨줄 그런 행동을 하기는 틀렸다고 느낍니다. 그저 이번 생애는 망했을 뿐이라, 더 이상 부모와 선생님들의 기대는 사양하고 싶다고 합니다.

그런 기분이 들 때마다 자꾸 자기 파괴적으로 변해, 다른 평범한 아이들이 그냥 단순한 마음으로 지키는 규칙과 관행, 관습을 그대로 할수가 없습니다. 마음 안에 있는 부적절함, 부족함, 미안함, 이런 것들이 모여서 청소년기에 수치심으로 자리잡아, 마치 있을 자리가 아닌 곳에 있는 기분으로 지내고 있습니다.

이런 아이들이 진료실에 와서 큰 슬픔을 털어놓고 자신의 삶과 이 사회를 한탄하고 펑펑 울고 갈 때가 있습니다. 이번 생애를 새롭게 구할 방법이 있다는 이야기를 아이에게 전하지만 아쉽게도 그들에게는 잘 들리지 않는 경우가 많습니다.

이런 아이들과 상담을 하다보면 안타까움과 아쉬움이 밀려오는 경우가 많습니다. 그러나 마음을 돌리기가 생각만큼 쉽지는 않습니다. 상당한 시간을 함께 보내고 여러 바퀴를 돌아야, 간혹 이번 생애를 되찾을 수 있는 순간을 만들 기회가 생깁니다. 마음속으로 한 번 망한 생애를 다시 되살리기란 참 어렵습니다.

대통령께 드리는 편지

"지금 이대로라면 우리들의 이번 생애는 망했습니다."

기분이요? 그저 처참합니다. 망한 채로 살아가는 기분을 아시나요? 내가 정한 목표는 아니지만, 부모님이 정한 목표가 있었는데 그 목표 근처에는 영영 다가서기 어렵게 되었습니다.

우리들은 모두 중학교 2학년 학생들입니다. 일단 특목고는 모두 안 갑니다. 일반고를 갈 예정입니다. 우리 중 하나는 아이돌이 되고 싶었는데, 아이돌도 이제 캐스팅을 안 한답니다. 스포츠를 좋아하고 꽤 잘하지만 선수 수준은 아닙니다.

또 이것저것 어렸을 때부터 많이 배웠지만, 중요한 것은 특별히 잘하는 것은 없습니다. 잘하는 것이 특별히 없다보니 이제 목표를 어떻게 세워야 할지도 모르겠고 그래서 목표가 사라졌습니다. 모든 어른들이 뭘 하나라도 잘해야 산다고 하는데 이 편지를 쓰는 여러 아이들은 특출나게 잘하는 것은 없는 그런 인간들이랍니다.

어렸을 때 가졌던 목표 근처에도 가기 어렵게 되었습니다. 아마 이렇게 말하면 많은 어른들이 "목표를 조금 바꾸어서 다시 열심히 해보지 그러냐?" 하시겠지만, 그렇게 마음이 쉬우면 힘들지도 않겠지요. 어렸을 때부터 부모가 우리들 마음에 심어주었고 나도 멋모르고 그 목표를 키워왔기 때문에 쉽지가 않습니다. 그래서 더 짜증이 납니다.

목표를 바꾸어서 그냥 아무 생각 없이 도전하면 또 잘될 것이라고 가볍게 생각하는 어른들은 우리를 공감하기 어려운 어른이거나 별생각 없는 어른일 겁니다. 그렇지 않다면 길게 이야기하기 싫거나, 그저 빨리 문제가 해결되기를 바라는, 본인도 속으로는 인생을 포기한 어른일 가능성이 높습니다.

물론 망했다고 해서 당장 굶어죽지는 않을 상황이니 무슨 복지 지원 같은 것은 생각하지 않으셔도 됩니다. 다만 사람들이 말하는 훌륭한 아이가 될 수 없다는 것은 이제 분명합니다. 패가 던져진 것이지요. 대통령께서는 아시는지 모르겠지만 요즘 분위기는 중학교 2학년 여름방학이 지나면 대세가 결정난다고 합니다. 그래서 남은 생애가 걱정입니다. 어떻게 버텨내야 할지 말입니다.

그래도 다행인 것이 있는데 그것이 무엇인지 아시나요?

그것은 이생망 운운하는 망한 인간들이 나 혼자가 아니라는 사실이지요. 기뻐해야 할지 말아야 할지 모르겠지만 사실입니다. 벌써 중학교 교실에도 다수가 이런 분위기이고, 고등학교 교실에는 우글우글하다고 합니다. 우리는 혼자가 아니라 거대한 집단인가 봅니다. 나 혼자만이 아니라 우리가 함께 망해가고 있다는 사실에 의지하여 덜 불안한 마음을 지니고 있는 것이 지금의 현실입니다.

저도 망했고 제 친구들도 망했기에 지구가 파괴된다든지 한반도가 사라진다든지 외계인이 침공한다든지 하는 재앙이나 또 지구의 기후 변화나 재해가 온다고 해도, 우리는 크게 슬프지 않습니다. 영화나 만화에서도 자주 보아 낯설지도 않고 두렵지도 않습니다.

사실 우리 마음속에서는 이미 초등학교 4학년 때부터 그냥 막연히 엄마의 기대에 부응하지 못하는 아이라는 느낌이 오기 시작했습니다. 그런데 이제 슬슬 화가 나기 시작합니다. 왜 우리가 망해야 하는지부터 시작해서 왜 부모들은 그런 목표와 기대를 나에게 하는가 하는 것도 화가 나고, 학교와 사회는 도대체 우리들에게 무엇을 도와주는 것인지도 화가 납니다.

물론 우리들 또한 우리 자신이 원망스럽습니다. 아직도 조금 미련이 있지만, 이번 생애에 많은 사람을 만족시키고 인정받고 사랑받고 폼나는 경험을 할 수 없다는 것에도 너무 화가 납니다.

다시 한 번 정리해서 말씀을 드리자면 공부를 잘 하는 아이로 살아갈 수도 없고, 무엇인가를 특출나게 잘하는 아이로 주목을 받을 수도 없고, 아이돌도 될 수 없습니다(〈고등래퍼〉가 남은 것은 참 다행입니다). 무언가를 새로 시작하기에는 늦었고, 포기하지 말고 계속 해보라지만 그것이 무슨 의미가 있는지 잘 모르겠습니다. 그저 평범한 사람으로 잘나가는 아이들 밑을 깔아주면서 지내게 된 셈이지요.

이전에도 대충 그렇긴 했지만 남은 인생 동안 이제 별로 중요하지 않은 인간으로 대접받고 살아야 합니다. 어른들은 "그럼에도 불구하고 살아!" 하면서 우리가 너무 쉽게 회피한다고 합니다. 비겁하다고 우리를 야단치실 수 있지만 우리도 그것을 쉽게 결정한 것은 아닙니다. 그러나 진지하게 생각할수록 고통스럽기 때문에 피해 있는 것도 사실입니다.

곰곰이 생각해 보면 이번 생애에 적용되는 청소년들의 성공 법칙은 그야말로 소수에게만 국한됩니다. 정말 화가 납니다. 세상에는 정말 수없이 많은 일이 있고 그래서 많은 직업이 있는데, 어처구니없는 그 따위 성공의 울타리를 쳐놓다니. 일부 어른들이 만든 소수의 사람들에게만 유리한 성공법칙입니다. 그래서 실패하는 아이들이 훨씬 많고, 소수의 성공한 아이들만 살아남는 방식이 계속되고 있습니다.

대통령께서는 다수의 지지를 받아 대통령이 되신 분이므로 부탁드립니다. 우리 청소년 다수가 망했다는 기분이 아니라 '희망이 있다'라는 기분을 가지고 살아갈 수 있도록 혹시 도와주실 수 있나요?

그러니까 영어, 수학 등 한두 과목으로 제발 우리를 평가하거나 하는 그런 일을 없애야겠지요. 그 몇 과목을 잘한다는 것이 인생에 그렇게 큰 의미가 있나요?

우리가 주장하는 것은 우리야 이미 망했지만, 후배와 후손들을 위해서, 또 거창하게 나라를 위해서 세상을 바꾸도록 도와주세요. 그래서 국영수 그냥 이런 주요 과목을 사회, 과학, 음악, 미술, 체육과 똑같은 비중으로 배울 수 있게 해주세요. 그런 과목들 때문에 우리 인생이 망가지니까 말이에요. 그런 몇몇 과목 때문에 아직도 우리 인생이 중학교 때 결정난다는 것이 말이 됩니까?

아니 요즘에는 더 일찍 초등학교 때 결정되어 버린다고 하지요. 그리고 그렇게 몇몇 과목을 잘하는 아이들 중에 자기만 알고 남은 모르는, 재수 없는 인간들이 많다는 것도 이미 아시겠지요? 그런 아이들은 대체로 잘사는 집 애들이 더 많지요. 제가 이번 생은 망한 부류에 속한다고 패잔병의 변명이라고 듣지 마세요. 제가 대한민국 청소년 다수의 일원입니다.

어찌됐든 현재까지는 우리의 이번 생애는 망했습니다. 그러므로 큰 변화가 없다면 그저 망한 채로 시간을 멍 때리며 살아야 합니다.

다시 태어나면 무엇이 되고 싶은가 생각해 봤는데, 세상이 크게 바뀌지 않는다면 일단 인간으로 다시 태어나고 싶지 않습니다. 그냥 단순 리셋은 우리를 두 번 죽이는 것이지요. 어떤 아이들은 바위, 돌멩이, 혹은 깊은 산속의 나무 이런 것으로 태어나고 싶대요. 정말 이렇게 힘들게 살아가야 하는 인간으로 태어나고 싶지는 않아요, 특히 한국에서는.

두서없이 말했습니다. 대통령께서는 '이생망'은 아니실 거라고 생각합니다. 대통령께서는 이런 청소년들을 위하여 무엇을 하실 수 있나요?

여기까지 다 읽어주셨다고 하면 무조건 감사드립니다.

끝으로 정말 부탁드리고 싶은 것은 이 편지가 혹시라도 감동을 주어 무언가를 해야겠다 싶으시면 중학생들과 고등학생, 그리고 학교 선생님들에게 직접 물어봐주세요. 우리도 진지해질 때는 꽤 진지해서 좋은 의견을 충분히 낼 수 있습니다. 우리를 대신한 사람들의 의견은 그들의 의견이지, 우리 의견이 아닙니다. 꼭 부탁드립니다. 우리에게도 물어주세요.

그러면 건강하세요! 감사합니다! 고맙습니다!

4장 자유의 상실

"아무것도 내 마음대로
할 수 없다"

"과잉도 결핍을 만들어내는 한 방식이다.
그러므로 스스로 알아나가도록 두어야 채울 수 있게 된다."

— 도널드 위니캇

"특별한 아이가
아니어서
죄송합니다"

채울 수 없는 부모의 기대

"부모의 기대에 부응하는 마지막 무대인 수능에 올라 시험이라는 공연을 지금은 연주할 수 없을 것 같아요. ……자신이 없었어요. ……죄송합니다."

집안에서 하나밖에 없는 외아들인 이 학생은 수능을 딱 일주일 앞두고 자살 시도를 해서 입원했습니다. 부모의 기대에 부응할 수 없을 것이라는 생각과 더불어 불안을 견디다 못해 손목을 꽤 깊게 그은 것입니다. 지금까지 잘 해왔기에 상위 3개 대학에 갈 수 있을 것으로 주변에서는 기대하고 있었습니다.

하지만 9월 모의고사부터 성적이 하강곡선을 그리며 떨어지고, 자신감이 자꾸 사라져가 계속 불안이 더해지면서 온몸과 심장이 타들어가는 기분을 느껴왔다고 합니다. 몇몇 문제들이 뜻대로 풀리지 않았고 다른 유사 모의고사 문제를 풀고난 후에는 도저히 안 되겠다는 생각 때문에 더 불안이 극심해져 숨을 쉬지 못할 정도로 힘들어졌다고 합니다. 그리고 이 불안의 파도가 밀려왔다 물러나고 또 밀려오는 이 주기가 잦아지자 아무것도 못하겠다는 생각과 함께 그냥 죽어버리자라는 생각밖에 없었다고 합니다.

입원해서도 계속 결정을 하지 못하고 우왕좌왕했습니다. 수능이 며칠 남았기에 시험을 치르느냐, 마느냐 하는 것 때문이었지요. 아이는 아무 결정도 할 수 없다고 하면서 부모님 눈치를 살피느라 정신이 없었습니다. 죽지도 못하겠고, 살지도 못하겠고, 부모님의 관대한 결정만 기다리는 처지였습니다.

그런데 부모님은 아이가 후회할지도 모르기 때문에 입원한 상태지만 "재수를 할 때 하더라도, 이번 수능을 그대로 쳤으면 좋겠다"고 의료진에게 말했습니다. 그리고 아이에게도 그렇게 이야기를 하고 돌아갔습니다. 그다음 날 새벽 아이는 다시 병원 내에서 자해를 시도하였습니다.

병원 내 자해 이후 아이가 변하기 시작했습니다. 위축된 모습에서 흥분된 모습으로 변해 이렇게까지 해도 부모가 자기 마음을 이해하지 못한다고 하면서 부모에 대한 감정을 마구 토해내기 시작했습니다. 아이의 말에 따르면 겉으로는 너무 온화한 분들이지만 공부 문제에 관해서는 전혀 용서가 없다고 합니다. 아이는 본인이 사는 것이 아니라 자기 안에 부모가 들어앉아서 자기 삶을 조종하는 것처럼 느끼며 살아왔다고 합니다.

"그 동안에는 너무 미안했는데, 이제는 너무 화가 나요."

아이는 수능을 치러 나갔다가 오면 자신이 어떻게 될지 알 수 없다고 하였습니다. 다음 생애에 다시 태어난다면 자신은 어렸을 때부터 하고 싶은 것만 하고 살 것이라고 하면서 울부짖다시피하면서 많은 이야기들을 꺼내어 펼쳐놓았습니다.

이런 이야기를 부모님들에게 전했지만, 부모님들은 "하나밖에 없는 자식이라 그럴 수밖에 없었다. 우리가 잘못 키운 것 같다"고 하면서도 모든 것을 그냥 예정대로 하겠다고 했습니다.

수능시험 날은 왔고, 아이는 부모와 함께 수능을 치고 왔습니다. 저녁을 먹고 들어와 다시 입원했고, 얼마간 더 입원하기로 하였습니다.

아이는 제대로 시험을 칠 수가 없었다고 합니다. 죽을 생각은 없어졌지만 공부할 생각도 없어졌다고 합니다. 부모에게는 하나밖에 없는 자식이라 미안하지만, 이제 자신은 아무것도 할 수 없는 죽은 사람같은 마음 상태가 되었다고 합니다.

"재롱 떨기도 힘들어요"

"손주의 단독 리사이틀은 끝났다고 전해주세요, 저도 이제 더 떨 재롱도 없답니다."

양가 외동. 아이는 두 집안을 통틀어 유일한 아이입니다.

친가는 할아버지, 할머니, 그리고 할아버지, 할머니와 함께 오래 살아갈, 장가 가지 않은 삼촌이 다입니다. 외가는 외할아버지, 외할머니, 그리고 외삼촌과 외숙모가 다입니다. 외삼촌은 행복하게 살고 싶다는 결정을 내린 뒤, 자녀 대신 애완동물을 키우기로 했다고 합니다.

이 친구가 저에게 처음에 찾아온 이유는 학교 선생님에게 욕을 해서입니다. 군계일학이라며 자신을 칭송하던 4학년 담임 선생님과 달리, 5학년 담임 선생님은 평등한 학급운영을 한다며 모둠활동 중심의 협동학습을 많이 했다고 합니다.

문제는 이 친구가 리더에 해당되지 않는 다양한 역할을 해야 한다는 것이었습니다. 자기는 이끄미를 하고 싶은데, 순서에 따라 역할을 돌아가면서 하다 보니, 뒷정리도 하고 청소도 해야 하는 깔끄미라는 역할도 해야 했습니다. 아이는 집안에서 신주단지 이상의 대접을 받으며 청소한 번 하지 않았습니다. 아이는 학에게 닭들이 하는 일을 시킨다는 분노에 떨면서 담임 선생님에게 욕을 퍼부었다고 합니다.

그래서 상담을 받지 않고는 학교에 복귀할 수 없다는 교장선생님의 조치에 따라 진료실에 온 아이였습니다.

그 이후로 아이와 이런저런 학교 생활의 어려움을 꾸준히 들었습니다. 그런데 이 안하무인의 아이에게도 힘든 일이 너무 많았습니다. 양가에서 끔찍한 대접과 나이에 맞지 않는 엄청난 용돈을 받았습니다. 그 이면에는 온갖 기대가 있었고, 아이 말대로 자기는 아무것도 자기 마음대로 할 수가 없는 상태였습니다. 현대판 공주로 살아가는 신세였다고나 할까요.

그러던 중 이 아이에게도 사춘기가 찾아왔고, 자기 한 명을 향하는 온 가족의 관심과 기대가 점차 버거워지기 시작했습니다. 명절에 모이면 늘 듣는 소리 중 "요즘 뭐 배우니?"로 시작해 "우리 공주가 하면 무엇이든지 최고로 잘 하잖아"로 끝나는 공식 같은 대화가 지겨워지기 시작했다고 합니다. 그래서 결정했다고 합니다. 당분간 양가 조부모님 댁에 안 가기로. 그리고 삼촌과 외삼촌에게 할아버지, 외할아버지에게 전해달라고 문자를 보냈다고 합니다.

"죄송합니다. 지난 10여 년 동안 공연되었던 손녀딸의 명절맞이 단독 공연, 리사이틀은 이제 막을 내립니다. 그간 혼자 공연하느라 너무 힘들었는데, 충분히 기쁘게 해드렸으니 후회도 없습니다. 조만간 다른 모습으로 뵐게요."

그래서 이 아이가 한동안 안 가겠지 싶었습니다만, 한 계절도 넘기지 못해 다시 열심히 다니고 있습니다. 그것은 외삼촌이 해준 말 때문이었는데, 외삼촌은 이렇게 말했다고 합니다.

"우리 공주님께서 무언가 착각하고 계신 것 같은데, 공주님께서 잘하셔야, 이 모든 것이 공주님 것이 됩니다. 그럴 리 없지만 많이 섭섭해 하시는 외할아버지가 재산을 모두 사회에 환원하겠다고 하시면, 더 섭섭해 할 것은 우리 공주님 아닐까요? 공연은 하지 않아도 되지만, 그래도 잘하시는 것이 좋을 거예요. 우리에게 후손은 공주님 하나뿐이니까요"

자식 때문에 사는 부모들

꽤 오래전부터 부모 교육에 참석한 부모님들에게 "우리는 왜 살까요?" 하고 물어봅니다. 그러면 그 많은 부모님들은 소위 아이들 표현으로 하면 떼창으로 "자식 때문에요"라고 지체 없는 리액션을 합니다. 행복한 표정부터 부담스런 표정까지 다양하지만 다들 동의하는 분위기입니다.

우리는 자식 때문에 살아가는 사람이 다수인 사회에 삽니다. 두 번째로 자기 자신 때문에 산다고들 합니다만, 부모 자신도 결국 자녀를 위해 모든 것을 바치기 때문에 자녀와 관련되어 있습니다. 그리고 세 번째는 다양한 이유들이 갈라진 표를 얻습니다. 배우자는 그 기타 중 비교적 낮은 표수에 해당됩니다.

하지만 아이들은 정말 부모들의 집착이 싫다고 합니다. 초등학교 3학년까지만 좋았고, 이미 초등학교 4학년부터는 조금씩 싫어져서, 중학교 때는 너무 싫고, 고등학교 때부터는 이제 부모들이 측은하다고 합니다. 자식 때문에 산다는 이 현상, 이것이 이 사회의 병리가 출발하는 지점이 아닐까요?

'자식'을 출발로 하여 '공부' '학벌' '좋은 직업'으로 이어지는 이 일련의 프로젝트 수행이 우리 인생의 이유이자 목적입니다. 그리고 이 과정에서 아이들은 정말 힘들어합니다. 전능한 엄마들이 주도하는 일련의 거대한 평생 프로젝트, 엄마 심리 비즈니스(불안한 엄마들을 대상으로 불안을 자극하여 만들어지는 다양한 심리, 학습 관련 프로젝트들)가 한국을 움직이는 가장 큰 비즈니스 중 하나입니다.

얼마 전 책을 한 권 내려는 과정에서 가제를 '자식으로부터 독립하자'라고 잡았다가 출판사가 난색을 표하는 일을 겪었습니다. 자식에 빠진 부모들이 그나마 책을 사는데, 그런 제목을 붙이면 판매가 어렵고 출판도 무너진다고 합니다.

이렇게 부모의 집착 속에서 살아가는 경험을 한 그 자녀들은 결혼 후 다시 본인의 자녀에게 그런 일을 전수하고 계승해나가려 할까요? 현실은 전혀 그렇지 않습니다. 그 부담과 숨막힘으로 인하여 결혼조차 하지 않으려 합니다.

우리는 아이들에게 너무 큰 부담을 주는 삶을 왜 멈출 수가 없을까요? 부모 교육 시간에 건강한 이별과 분리를 말하기가 오히려 전보다 힘들어졌습니다. 예전에는 자식이 여럿이어서 그나마 나았다고 합니다. 지금은 하나둘밖에 없는 자녀에게 모든 것을 걸고 살기에 더 어렵다고 합니다.

이별과 분리를 건강하게 서로 배워야 하는데, 서로를 향한 독립이 어려워서 얽킨 실타래 같은 관계로 부모와 지지고 볶고 하면서 인생이 저물어가는 것이 한국인, 한국 부모들의 삶이고 아이들의 삶입니다.

아이가
종교가 된 나라

자식을 숭배하는 부모들의 출현

아이는 부모의 종교가 되기도 합니다. 정신분석가 마이클 아이건이 『독이 든 양분』이라는 책에서 한 말입니다. 아이가 종교가 되었을 때 부모의 역할은 거룩한 아이를 돌보고 숭배하는 것입니다. 그렇게 우상이 된 아이들은 신처럼 기적을 행해야 합니다.

부모는 아이의 기적을 기다리는 삶을 살면서, 본인의 해결되지 않은 전능감(무엇이든지 할 수 있고 만들어낼 수 있다는, 아동기에 소망했던 마법적인 능력)까지 동원해야 합니다. 부모들은 모든 것을 자녀라는 제단에 바치면서 살아갑니다. 누군가가 아이를 건드리는 것은 종교를, 제단을 농락하는 일입니다. 이 일을 그대로 두는 것은 자신을 파괴하는 일처럼 여깁니다.

이런 병적인 과정이 사회적으로 진행되면서 나타난 현상 중 하나가 일본에서 20여 년 전부터 거론되었던 '괴물 부모'의 등장입니다. 이 괴물 부모들은 신처럼 여기는 자신의 아이에게는 모든 것이 가능해야 하고, 또 자신의 아이를 보호하기 위해서는 다른 아이들은 아랑곳하지 않는 특징을 보였습니다.

대신 자신의 종교인 아이를 잘 지키기 위해 스스로 더 강한 괴물 부모가 되어야 했다고 합니다. 사회도, 학교도 심지어는 같이 사는 배우자조차 자신의 아이를 지켜주지 않기에 부모 본인은 더 강력한 몬스터가 되어야 했다고 합니다.

정신과 의사 가타다 다마니는 이 괴물 부모의 출현에 대해 '하나밖에 없는 내 자식'이라는 저출생 사회의 영향, '그 누구도 나와 연대해 주지 않는다'는 무연사회의 고립감, '세상은 힘 있는 자를 건드리지 못한다'는 불공평 사회의 결과라고 분석했습니다.

그런데 문제는 아이들이었습니다. 부모의 종교가 되어 사는 아이들은 어떻게 살아가야 할까요? 아이는 부모라는 신도를 만족시키고 부모의 숭배에 대한 대가를 지불해야 하는 부담과 압박 속에 살아야만 했습니다. 자신이 부모 삶의 이유가 되는 것을 부모가 쓰는 에너지의 반 이상이 자신을 위하여 바쳐지는 것을 견뎌내야 합니다. 그리고 단지 '한때'가 아니라 오랫동안 지속적으로 부모들의 기대에 시달려야 합니다.

이런 상황 속에 깊이 빠져 있는 아이들은 진료실에 와서 호소합니다.

"내가 사는 것 같지 않아요. 이건 내 삶이 아닌데, 어떻게 해야 할지 모르겠어요."

우리나라의 많은 아이들은 자기 안에 직접 부모가 들어와 앉아 있는 삶을 살아갑니다. 일본의 아동가족문제의 전문가인 정신과 의사 이소베

우시오가 말한 대로 '모자일체화'의 삶을 사는 것입니다. 그래서 아이들이 자신이 살고 싶은 대로 살지도 못하고, 죽고 싶어도 죽지도 못합니다. 자기가 죽어버리면 부모도 함께 죽기 때문입니다. 그러므로 어찌할 바를 모르는 마음의 상태를 오래 겪으며 점차 무기력해진다고 합니다.

더 큰 문제는 부모와 함께 겪어내는 삶의 결과들입니다. 어떤 아이들은 신체적으로는 성장하지만 심리적으로는 제대로 성장하지 못합니다. 그렇게 세월이 흘러 아이 같은 어른이 됩니다. 어떤 아이들은 자신을 스스로 부수고, 부모의 맹목적인 숭배를 소멸시키고자 파괴적으로 변신하여 어른이 됩니다. 이 과정을 힘들고 복잡하게 해낸 아이들일수록 자신의 삶에서 가장 큰 상처를 준 사람이 부모라고 합니다.

아이들은 부모와의 힘들었던 삶에서 두 가지가 모두 싫다고 합니다. 본인 자신이 부모라는 신도가 되는 것도 싫고, 자식이라는 종교에 빠지는 것도 싫다고 합니다. 그러므로 아이는 사양하고 싶다고 합니다. 자신을 종교로 삼은 가족으로부터 탈출한 지 오랜 시간이 지난 뒤에도 만성적인 부모의 기대는 여전히 뿌리 깊은 죄책감에 불이 들어오게 합니다. 부모에게 받은 상처, 부모에게 준 상처로부터 오는 아픔은 본질적으로 아주 큽니다.

물론 이런 부모와의 관계 모두가 부모 개개인의 탓은 아닙니다. 자녀를 우상숭배화하는 괴물 부모의 탄생은 당연히 우리 사회의 핵심적인 문제, 생존에 대한 두려움, 자기 삶을 살지 못하는 사회적 전통, 신뢰에 기반을 둔 공동체 가족의 해체 때문입니다. 지금 우리의 삶 속에서 '부모에게는 자식도 중요하지만, 부모 자신의 삶도 중요하다'는 것은 생각보다 실천하기 어려운 이데올로기입니다.

외로움이
가장 큰
아픔인 시대

형제가 없어 더 힘들다

제가 평상시 존경하고 지내는 지인 중에 팔 남매 중 여섯째로 살아온 분이 있습니다. 어느 날 이분이 제 강의를 듣고 진짜 요즘 아이들이 힘들 것 같다면서 말했습니다.

"어렸을 때, 새로 산 옷은 한 번도 입어보지 못했고 또 따뜻한 아랫목에서 두 다리 뻗고 편하게 지내보지는 못했지만, 그래도 난 사는데 마음고생은 많이 하지 않았어요. 위로 형님들이 네 명이나 계셔서 내가 떠맡아야 할 큰 부담도 없었고, 또 부모님들이 나에게 하는 기대도 없었어요.

초등학교 6학년 졸업이 다가올 때쯤 연로하신 아버님이 어느 날 부르는 거야. 그래서 갔지. 그랬더니 아버지가 어색한 분위기로 이야기를 하는 거야.

'얘야, 내가 너희들 여섯째, 일곱째, 막내까지는 참 주책이었다. 책임질
힘도 없는데, 이렇게 세상에 태어나게 해서 고생만 시키는구나. 원래 계
획도 없었는데, 이렇게 자식을 많이 낳아서 미안하다. 고맙게도 형들이
잘 하고 있고, 그래서 너한테 우리가 새로 기대하거나 부담을 줄 생각
이 없단다. 내 생각에는 힘든 공부는 안 해도 되고, 네가 하고 싶은 것
이 있으면 그냥 하고 살아라. 건강하게, 그저 인간관계 잘 하면서 살면
어디 가서 절대로 굶지는 않는단다. 꼭 중학교를 진학하지 않아도 되니
부담 갖지 말고 농사지어도 되고, 공장에 가도 된단다'.

그때는 며칠간 섭섭하긴 했었던 것 같아. 그때 마침 친구들이 다 중
학교 간다고 해서, 가고 싶다고 말하고, '낙제는 안 하고 잘 다닐게요.
큰 돈 드는 일은 안 할게요' 하고 중고등학교를 마쳤지. 대학은 형님들
이 도와주시고 나도 일하면서 나왔고, 부담이 진짜 없었어요.

하지만 요즘 애들은 너무 불쌍해. 그 하나둘밖에 없는 애들이 온갖
어른들의 기대를 다 짊어지고 부응을 해야 하잖아. 그게 말이 그렇지
장남, 장녀들 얼마나 힘들어하고 맘대로 못살았어. 사실 우리 큰 형님
도 늘 집안 신경 썼으니까 직장을 그만두지 않고 오래 버텼지. 원래 형
님이 다른 재주가 많았어."

저에게 손주를 데리고 다니는 할머니도 그런 말을 한 적이 있습니다.

"나는 6타수 3안타야. 육 남매 중에 셋이나 사회에서 말하는 '사'자가
들어간 직업이라고. 의사, 교사, 변호사. 나는 부모로서는 완전 성공이야.
그래서 여한이 없어. 나머지 셋 중에 뜻대로 안 된 자식도 있지만 셋 잘
된 것으로 퉁쳐야지, 어떻게 다 잘돼. 타율로 치면 이게 5할이라고.

근데 내 딸은 1타수 무안타야. 내가 이 손주녀석을 병원에 데리고 오지만 이미 싹수가 글렀어. 진짜 불쌍해, 내 딸이. 그래서 더 낳으라고 했었는데 이제 그것도 틀렸어. 나이가 들어서. 이러면 애미도 불쌍하고, 애도 힘들고 그렇단 말이야."

"내가 얼마나 외로운지 알아?"

또다른 이야기를 인용하겠습니다. 스마트폰 문제로 지겹게 싸우다가 찾아온 어머니와 딸 이야기입니다. 새벽까지 스마트폰을 하다가 학교에 지각하는 횟수가 늘어나자 어머니가 스마트폰을 압수하였습니다. 그러자 아이는 학교를 출석하지 않는 것으로 맞대응하였습니다.

진료실에 와서 어머니는 아이가 스마트폰 중독이라고 주장했고, 아이는 그 정도 지각으로 학교생활에 문제없다고 하면서, 완전히 토라져 있는 상태였습니다.

더군다나 그날은 스마트폰을 하다가 잠든 딸의 손에서 밤샘 카톡의 내용을 어머니가 우연하게 보게 되었고, 그것은 더더욱 어머니를 화나게 했다고 합니다. 어머니의 기준으로는 밤새 이야기해야 할 중요한 주제는 하나도 없었습니다. 'ㅋㅋㅋ'와 'ㅠㅠㅠ'가 잔뜩 있고, 선생님들에 관한 욕, 남학생들에 대한 욕, 그리고 몇 가지 고민들, 어머니가 보기에는 한심한 내용뿐이었습니다. 어머니의 이야기를 들은 아이는 분개하면서 이야기하였습니다.

"내가 얼마나 외로운지 알아? 말할 사람도 없잖아? 학원 마치고 애들

하고 밤새 이야기하면서 스트레스 푸는 것도 안 되면 어떻게 살아? 엄마도 이모하고 밤새웠다며. 이불 뒤집어쓰고 연애 얘기며, 선생들 얘기며 다 했다며. 나는 형제가 없어서 친구랑 밤새 카톡하는 거라고. 그런 것도 안 되면 어떻게 살아?"

어머니는 말도 안 되는 억지를 부린다고 저를 쳐다보았습니다.

"다른 애들도 다 너처럼 한밤중까지 카톡하고 다음 날 지각하고 그러지 않아. 너만 유독 더 늦게까지 뭐 그렇게 할 말이 많아. 엄마도 이모랑 맨날 그런 게 아니라고."

아이는 별로 분노가 가라앉지 않았습니다. 하지만 앞으로는 어떻게 할 수 있느냐는 질문은 어쩔 수 없이 해야 했습니다. 그때 아이가 뜻밖의 제안을 하였습니다. 개나 고양이를 사주면, 휴대전화를 열두 시에는 내놓겠다는 제안이었습니다. 자신이 오래전부터 주장했는데 어머니가 들어주지 않았다고 합니다.

그리고 이 아이의 상담은 아주 싱겁게 끝났습니다. 어머니는 싫었지만 고양이를 사주었고, 아이는 휴대전화를 열두 시에 내어놓았습니다. 아이는 형제는 없지만 형제를 대신할 고양이가 생겨서 그것으로 족하다고 합니다. 그래서 몇 번을 만나지 않고 일단락이 되었습니다.

형제도 많고, 친척도 많았던 시절에 어찌 보면 아이들은 더 많은 관심과 사랑을 받았던 것 같습니다. 그리고 형제가 많다는 사실이 주는 효과는 생각보다 컸습니다. 형제들 틈에 숨을 수도 있고, 부모에게 혼날 차례가 오지 않을 수도 있고, 번갈아가면서 부모를 만족시킬 수도 있고, 서로 막아주기도 하고, 서로 의지하기도 했습니다. 거짓말을 해주기도 하고 거짓말을 폭로하기도 하고 말입니다.

지금은 부모를 혼자 감당하거나 둘이 감당해야 합니다. 이 과정에서 부모의 바람이나 기대를 피하기란 현실적으로 어렵고, 우애가 특별히 좋은 예외적인 경우를 제외하고 형제가 도와주는 일은 많지 않습니다. 부모의 기대에 부응하기 위해 아이를 도와줄 사람이 너무 없습니다.

형제끼리 여러 가지 도움도 받고 코치도 받고 그러면서 배워나가는 것도 많은데, 지금의 아이들은 이 모든 과정을 형제 없이 해야 합니다. 처음부터 잘할 수 없기에 늘 실수하고, 그런 모든 것들이 다 드러나고 그래서 더 자주 혼나고 결국 힘들어집니다. 그런 생활이 집에서 계속됩니다. 부모의 기대를 만족시켜 주기는커녕 실망의 연속입니다. 지금 아이들은 그렇게 자라나고 있습니다.

부모에게
줄 수 없는 선물,
1등 성적표

"공부 못하는 내가 미워요"

부모들의 기대에서 벗어나는 일은 실제로 매우 두려운 일입니다. 그리고 만일 부모의 기대를 깨어버리기로 했다면, 즉 부모의 기대와 다른 길을 가기로 한다면 아이들도 마음속에서 대단히 힘든 과정을 겪어내야 합니다.

문제는 우리나라 부모 대부분의 기대가 아직도 단 하나의 과녁을 향하고 있다는 사실입니다. 그래서 단 하나의 성공 기회인 '공부 잘하기'라는 화살을 잘못 발사하면, 그야말로 큰 낭패감을 느껴야만 합니다. 그것도 한두 명이 아니라 절대다수가 말입니다. 1등의 과녁을 맞히지 못한 대다수의 아이들은 그래서 분노와 울분에 휩싸입니다.

목숨 바쳐 나를 사랑해온 부모가 바라는 것을 못 해준다는 것, 이것이 너무 화가 납니다. 그래서 처음에는 못하는 자신이 너무 밉습니다. 그런데 시간이 지나면서 못하는 것을 바라는 부모가 밉고, 눈을 크게 뜨고 세상을 바라보니 이 사회가 사랑하는 부모를 기쁘게 해줄 수 없는 시스템으로 운영된다는 사실로 인해 격분하게 됩니다. 이 사회의 시스템 하에서는 부모를 기쁘게 해줄 아이들은 소수에 불과한데, 이 사회는 그 체제를 계속 유지하고 강화하고만 있습니다.

2~3년 전에 한 사설업체에서 어버이날 선물에 대한 조사를 한 적이 있습니다. 고등학생들에게 '부모들이 자녀들에게 가장 받고 싶은 선물 1위는 무엇일까'에 대해 물었습니다. 아주 학문적이거나 신뢰할 만한 통계에 기반한 조사는 아니지만 그 설문조사의 결과가 공중파 방송 메인 뉴스로 보도되었습니다.

아이들은 부모에게 무엇을 제일 주고 싶었을까요? 달리 말해서 부모가 자식으로부터 제일 받고 싶어 하는 것은 무엇이라고 아이들은 생각했을까요?

그것은 바로 전교 1등 성적표였습니다. 3천여 명의 조사대상 고등학생 중 51퍼센트가 전교 1등 성적표를 주고 싶다고 했으나, 이 성적표는 51퍼센트의 아이들 중 1퍼센트 미만의 아이들만 가질 수 있는 것이니, 다수의 아이들은 줄 수 없는 것이지요.

가끔 물어봅니다. 혹시 이 선물 받고 싶은가요? 자신은 솔직한 사람이라는 양념 설명을 곁들이면서 꼭 이렇게 말하는 부모들이 있습니다.

"한국 부모들 중에 그거 가져보고 싶지 않다고 하면, 그건 거짓말이지요. 아이가 그렇게 해주면 정말 고맙지요."

이 획일적인 사회의 한 줄 세우기, 성적 서열화에 따른 그동안의 평가가 수많은 아이들에게 이 세상을 등지게 했다는 사실을 우리 사회의 어른들은 정확히 이해하지 못하고 있는 것 같습니다.

3년 전에 실제로 자살했던 아이의 유서는 세간에 큰 충격을 주었습니다. 그 아이의 유서에는 딱 네 글자, "이제 됐어?"가 적혀 있었다고 하고, 아이는 전교 1등 성적표를 끝으로 삶을 마감했다고 합니다. 너무도 가슴 아픈 일입니다.

지금도 그런 번민으로 방황하는 아이들이 너무 많습니다. 공식처럼 아이들 마음을 황량하게 하는 말들입니다.

"공부 잘했으면 여한이 없겠다."
"1등 했으면 여한이 없겠다."
"좋은 대학 갔으면 여한이 없겠다."

이 모든 것이 안 되는 아이들의 자신에 대한 반응은 자신을 좋아할 수 없다는 것입니다. 수많은 아이들이 자기 자신을 도저히 좋아할 수가 없게 된 그 출발에는 바로 "공부를 못해서요"라고 시작되는 겸연쩍고 송구스러운 사연이 있습니다.

이 사회는 아주 획일적인 방식의 기준으로 소수만이 스스로를 자랑스럽게 느끼게 만듭니다. 이 사회는 차별 사회이고, 혐오 사회이고, 인간을 서열화하고 상품화하는 사회입니다. 인간의 다양성이 여전히 무시되는 겉과 속이 다른 사회, 야만적인 사회입니다. 그 차별, 혐오, 야만성을 온갖 광고, 쇼, 예능, 허위적 논리로 둘러싸고 제대로 느끼지 못하게 마취와 최면을 시켜놓은 사회입니다. 아이들은 이것을 과거보다 더 생생히 느끼는 것 같습니다.

모두를 불행하게 하는 체계를 바꾸지 않고, 우리는 이대로 살아가고 있습니다. 자기계발, 각자도생을 통해 성공을 추구하지만 그것이 공허한 이유, 결국 우리 스스로의 자존감을 존중받지 못하는 까닭은 이 사회의 체계에 있습니다.

어른들이 꼭 풀어봐야 할 울분 퀴즈

① 아이들이 공부를 시작하는 나이는 더 빨라지고 있을까요? 늦어지고 있을까요?

② 초등학생 공부 시간과 대학생 공부 시간 중 어느 쪽이 더 많을까요?

③ 요즘 중고생은 이전보다 잠을 더 많이 잘까요? 적게 잘까요?

④ 최근 몇 년간 20대의 취업률이 높을까요? 50대의 취업률이 높을까요?

⑤ 지금 젊은이들이 자신의 집을 갖게 되는데 필요한 시간과 과거 부모 세대가 집을 마련하는 시간을 비교하면, 그 시간이 더 짧아졌을까요? 길어졌을까요?

⑥ '젊어서 고생은 사서도 한다'는 말은 청년들에게 용기를 북돋울까요? 갑자기 폭발하게 할까요?

⑦ '오늘보다 나은 내일이 올 것이다'라는 믿음을 청소년과 노인 중 누가 더 강력하게 지지할까요?

⑧ 최근 군대 다녀온 후 복학해서 지내는 아들이 부모에게 전보다 훨씬 살갑게 잘 하면서, 부모에게 더 효도하고 싶고, 그래서 집에서 더 오래 지내게 해달라고 할 때, 이는 환영해야 할 일일까요?

⑨ 요즘 아이들이 더 힘들게 크고 있을까요? 과거 세대들이 더 힘들게 성장했을까요?

⑩ 3만 달러 시대를 맞이하여, 아이들이 자신의 소망과 재능대로 살아도 되는 시대로 변화하고 있나요? 아니면 아직도 부모와 세상의 기대에 자신을 맞추어야 하나요?

*** 답은 이 책 곳곳에 있습니다

5장 공감의 상실

"그때 나는 마음에서
부모를 잃었다"

"아이는 젖으로만 자라는 것이 아니라 공감으로 자란다.
그러므로 공감은 있으면 좋은 것이 아니라
없으면 안 되는 것이다."

─ 하인즈 코헛

나를 잘 알지도
못하면서

"돈으로 때우지 마세요"

어른도 잘못하면 사과를 해야 하는 것은 당연합니다. 하지만 겸연쩍은 미소와 함께 "맛있는 것 먹으로 가자!" 하고 지나가기도 합니다. 그러면 지금의 아이들, 또 젊은이들은 정색을 하며 말하기도 합니다.

"사과를 해주셨으면 좋겠어요. 우리가 지금 바라는 것은 맛있는 것을 먹는 것이 아니거든요. 우리는 지금 마음이 힘든 것이지 맛있는 것을 못 먹어서 힘든 게 아니란 말이에요."

그들은 TV와 언론매체를 통해서 잘못을 고백하는 수많은 정치인들, 고위급 인사들을 보면서 혀를 차면서 말합니다. 사람들에게 사과 하나 제대로 못하면서, 힘든 사람들에게 위로의 말도 변변히 전하지 못하면서, 어떻게 리더가 되었는지 모르겠다고.

아이들은 마음의 문제에 마음으로 답을 해달라고 합니다. 어른들이 마음의 문제에 왜 밥으로 돈으로 답하는지 모르겠다고 합니다.

부부 사이가 좋지 않아 아이들 앞에서 자주 싸우고, 아버지가 간혹 자기 성질을 못 이겨 자녀에게 폭행을 가하는 경우도 있는 그런 가정의 아이가 어느 날 진료실에서 씩씩대며 아주 고래고래 소리를 질렀던 일이 있습니다.

"자기가 잘못해서 때려놓고, 왜 돈으로 쳐바르냐고요. 잘못했다고 한마디 들리지도 않게 해놓고 이거 사주고, 저거 사주면 내 마음의 상처가 아무냐고요. 잘못했으면 제대로 사과를 하고 다음부터 안 그럴 방법을 찾아야지, 돈이면 다냐고요. 그리고 누가 돈 달라고 했어요? 어른들이 왜 짜증나는 줄 알아요? 바보 같은 어른들이 자기들이 돈으로 다 되니까, 우리도 돈으로 되는 줄 알고 그러는데 그렇지 않다고요. 돈으로 안 된다고요!"

아이들은 마음으로 제대로 된 사과와 또 정말 진심어린 위로를 받고 싶다고 하는데 어른들은 그것이 어려운가 봅니다. 그러니까 사과와 위로가 아닌 돈으로 해결하려 드나 봅니다.

"공부는 왜 해야 하나요?"

어느 날 한 아이가 와서 기가 차다는 듯이 이야기를 하였습니다. 아주 드문 일이기도 하지만 그 아이의 학교에서는 그런 일이 비교적 자주 있다고 하였습니다. 학교 규모가 너무 크고, 학생 수도 많고 하다 보니,

일어날 일일 수도 있다고 봅니다. 작년 담임 선생님이 그 아이에게 다가 와서는 이렇게 말했답니다.

"진짜 얼굴이 익숙한데, 너 작년에 우리 반이었지, 맞지? 요즘은 다 비슷비슷해서 정말 구분이 안 간다."

이런 선생님이 거의 없으리라는 생각이 들지만, 아이는 이 말에 분통이 터진다고 화를 내고 있었습니다. 어떻게 자기를 잊고, 자기 반이었는지를 확인하듯이 말할 수 있는지 그 선생님이 너무 밉다고 하였습니다.

"하기야 선생님들 머리에는 잘하는 아이 다섯, 못하는 아이 다섯, 그 애들밖에는 없지. 선생님들 뇌구조는 그렇게 생겨 먹었대요."

이렇게 이야기하면서 스스로를 열심히 달래고 있었습니다.

요즘 아이들은 더더욱 그런 것 같습니다. 워낙 적은 식구들끼리 살다 보니 더 그렇겠지만 자신이 관심의 중심에 서지 않을 때 아주 섭섭해합니다. 그리고 학교에서 그런 시간들을 견뎌내야 하는 것을 힘들어합니다. 주인공이 아닌 순간의 시간들이 익숙해지기까지는 더 시간이 걸리는 듯합니다.

더불어 요즘 친구들은 당연하게 하는 것에 대해서도 힘들어합니다. 의미가 있어야 한다는 것이지요. 의미가 없는데 하라고 하고 어른의 말이니까 그냥 순종하라고 하면 어떤 아이들은 순종하지만 꽤 많은 아이들이 거절합니다. 그러니까 왜 해야 하는지를 더 많이 설명하고 또 동의를 구해야 합니다.

가장 어려운 질문이자, 부모나 선생님들 사이에서 준비되지 않은 질문이 "공부는 왜 해야 하나요?" 같은 것입니다. 어른들이라고 그런 생각을 하지 않은 바는 아니지만 그것에 대한 답을 말하기 전에 정말 그것은 당연한 것이고 당위적인 것이어서 답을 할 필요가 없었습니다. 그야 말로 어떤 분들이 말하는 것처럼, 과거 세대에게 "공부를 왜 해야 하느 냐?"의 등치어는 "왜 숨을 쉬는가?"와 같은 것이었으니까요.

하지만 지금의 아이들에게 '공부＝숨쉬는 것'이란 등식은 전혀 성립 할 수 없고 이해할 수 없는 것입니다. 그러므로 우리는 설명해야 합니 다. 아이들이 공부하고 싶은 마음이 들도록 공부해야 하는 이유를 설 명해야 합니다. 하지만 뜻밖에 어렵습니다. 우리가 해보지 않은 논쟁 중 하나이지요.

아이들에게 공부는 수많은 선택할 수 있는 활동 중 하나일 뿐입니다. 그런데 그것을 모두가 똑같은 과정으로 다 해내야 한다고 하니 이해할 수 없는 것입니다. 아이들의 입장은 그래서 어른들에게 참 섭섭합니다.

늘 설명도 제대로 해주지 않으면서 하라고만 하니까 반발감이 더 앞 선다고 합니다. 이해해 주지도 않으면서, 아이들이 얼마나 힘들게 지내 는지 알지도 못하면서, 아이들이 얼마나 외로운지 알지도 못하면서, 아 이들이 얼마나 불안한지 알지도 못하면서, 그저 하라고만 합니다. 그런 어른들 탓에 이번 생애에 자신이 이해받기는 글렀다라고 합니다. 그런 아이들 가운데 한 명이 쪽지를 저에게 건넸습니다. 그러면서 말합니다.

"의사 선생님은 상담하는 동안 그러시면 안 돼요. 이해해 주셔야 돼 요! 꼭!"

"그래, 선생님도 노력할게"라고 답했지만 쪽지를 보면서 식은땀이 흘 러 내렸습니다. 쪽지에는 이렇게 쓰여 있었습니다.

• 누군가가 내 마음을 몰라주면 모르는 것이다.

- 누군가가 나를 몰라주면 모르는 것이다.
- 누군가가 내가 힘든 것을 몰라주면 모르는 것이다.
- 왜 해야 하는지를 모르면 안 하면 된다.
- 이유도 모르는 힘든 것은 안 하면 된다.
- 이런 것을 하려고 태어난 것이 아니다.
- 우리 모두가 다 다르므로 무언가를 해준다면 다 달라야 한다.

공포의 '더 잘해봐' 증후군

전교 3등 하는 아이가 부모에게 듣는 가장 흔한 잔소리 중에 하나는 1등은 왜 못하냐는 것이었습니다. 아이는 속상했습니다. '지금도 충분히 잘하고 있는 건데.'

하지만 부모는 "3등에서 1등 하는 것은 불과 2등 차이밖에 안 난다"고 주장하면서 "1등 한 번 못하고 중고등학교를 끝내냐?"고 하는 등 자주 차갑게 아쉽고 속상하다는 듯이 말했습니다.

아이는 정말 죽을힘을 다해, 쉬는 시간에도 쉬지 않고 잠도 줄여서, 기말고사 시험에서 전교 1등을 하는 놀라운 결과를 냈습니다. 그리고 정말 부모가 기뻐할 것이라는 마음과 자신이 그래도 '한 번은 전교 1등을 하고 고등학교를 졸업하는구나' 하는 마음에 성적표를 들고 거의 전력질주로 달려서 집에 갔습니다. 현관문을 열고 뛰어 올라가서 "엄마, 엄마, 드디어 내가 1등 해냈어. 엄마" 하면서 성적표를 건넸습니다.

어머니는 딸에게 성적표를 받은 후 잠시 성적표를 보더니, 몸을 돌리며 갑자기 아이의 따귀를 후려쳤습니다. 막을 겨를도 없이 내동댕이쳐진 아이는 너무나 당황하며 몸을 일으켜 세웠고 울음이 터져 나왔습니다.

"엄마, 왜 그러세요?"

엄마가 말했습니다.

"그럼 너는 여태껏 할 수 있었는데, 안 한 거였어, 어! 할 수 있는데 안 한 거였냐고!"

아이는 어머니에게 그 상황에서 뭐라고 말을 꺼내야 할지 알 수 없었습니다. 눈물만 흐르고 말문이 터지지 않았습니다.

아이들과의 공감은
왜 어려운가?

도저히 이해할 수 없는 아이들의 마음 20가지

아이들과 부모들 간의 설전을 통해 내려지는 결론은 상대방을 이해하기 어렵다는 것입니다. 결국 서로 등을 돌리고 각자의 방으로 가서 문을 닫고는 각자의 스마트폰에 열중하면 그날 하루가 지나갑니다.

똑같은 언어를 쓰면서 이 시대를 함께 지내고 있지만 아이들은 그들 나름대로 자신들이 이해받기 어렵다는 것 때문에 힘들어하고 괴로워합니다. 특히 '마음'이란 대목에서 부모 세대와 큰 차이가 납니다.

부모 세대에게 공부를 포함한 무언가를 '마음이 아파서 못 하겠다'고 하면, 이를 이해하고 아이를 쉽게 해줄 부모는 예전이나 지금이나 많지 않습니다. 마음 아픈 것은 몸 아픈 것보다 대수롭지 않은 것으로 여겨왔기 때문입니다. 조금 심한 부모님들은 "마음 아픈 것으로는 죽지 않으니, 그 마음 아픈 것은 잊고 빨리 하라는 일이나 해라"라고도 합니다. 그러면 아이들은 또 마음에 큰 상처를 입고 사기도 떨어지고 의욕도 저하됩니다. 이렇게 악순환을 경험하고 있습니다.

다른 성장 경험, 다른 시대 경험이 주는 차이로 인하여 추구하는 핵심적인 가치도 달라지고 상처받는 영역도 달라졌습니다. 한 집에 살고, 비슷한 것을 먹고 지내고, 같은 언어로 대화하는 데는 차이가 없지만 우리는 정말 다르게 살아가고 있습니다. 그것을 이해하는 것이 필요합니다. 많은 아이들이 기본적으로 이해받지 못해 힘들고, 그래서 어른들에게 한참을 설명해야 하지만 그후에도 여전히 공감받기 어렵다고 합니다.

정말로 힘든 아이들에게 이번 생애는 고생은 고생대로 하고, 이미 망했으며 부담은 잔뜩 갖고 살아가는데 이해받지도 못하는 억울한 삶입니다.

아이들의 마음을 조금이라도 이해하기 위해 중학생들과의 상담작업을 통해 중학생 세대를 특징짓는 20가지 문장을 뽑아보았습니다. 아이들이 자기 세대에 대하여 말했던 여러 자료 중에 이 세대를 특징지을 수 있다고 생각하는 문장들을 뽑아서 정리해 본 것입니다. 서로의 공감이 실패하는 지점을 표현하는 문장들입니다. 이 20문장을 통하여 부모 세대와 아이들 세대 간의 공감이 어려운 이유를 설명해 보려고 합니다.

① 배고픔보다 외로움이 더 큰 상처다.
② 형제 없는 것보다 친구 없는 것이 더 큰 상처다.
③ 공부 못하는 것보다 인기 없는 것이 더 죽을 맛이다.
④ 밥보다 치킨이다.

⑤ 집밥보다 편의점 도시락이 더 맛있다.

⑥ 스마트폰이 없으면 미친 듯이 괴롭다.

⑦ 여행은 귀찮고 외식이나 하는 것이 낫다.

⑧ 부모는 돈만 주면 되지, 쇼핑은 안 따라오는 것이 좋다.

⑨ 애완견 똥도 안 치우면서 애완견 사진은 엄청 찍어서 가져다니며 가족이라고 주장한다.

⑩ 할 고생은 이미 다했다는 듯이 얘기하기도 한다.

⑪ 엄마는 지겹지만 떨어지기는 어렵다.

⑫ 길게 말하기 싫어한다. '헐, 대박, 뭐, 응' 같은 말이면 충분하다.

⑬ 존댓말은 나이가 들수록 더 까먹는다.

⑭ 가족사진 치우고 연예인 브로마이드를 건다.

⑮ 받기만 해서 받는 데는 익숙하지만 부모 생일날 손편지 한 장 쓰는 것이 안 된다.

⑯ 어른들이 이 사회를 더 잘 살게 만들어주기를 간절히 바란다. 장래 희망은 재벌 2세라고 한다.

⑰ 포기는 빠르고, 다양하다. 아프지만 곧바로 수용한다.

⑱ 미래에 지금 직업이 다 없어질 수도 있으니 지금은 특별히 아무것도 할 것이 없다.

⑲ 복잡한 게임용어, 웹용어, 방송유행 검색어는 모두 알면서 시사용어는 모른다.

⑳ 수학이라는 과목을 없애는 것이 청소년을 살리는 길임을 알지 못하는 어른들이 한심하다.

"배고픔보다
외로움이
더 큰 상처다"

더 고양된 욕구를 추구한다

요즘 아이들에게 배고픔은 위협이 되지 않습니다. 그러므로 배고픔을 무기로 협박하는 것은 성공적이지 않습니다. 굶어 죽지 않기 위하여 무엇을 한다는 것이 동기가 되지 않는다는 뜻입니다. 다시 말해서 생존이 목표였던 조부모 세대와 부모 세대와는 다르게 요즘 아이들은 소속, 인정, 의미가 더 큰 승인체제입니다.

생명체의 동기화 과정에서 고통은 중요한 동기화 요인입니다. 아이들은 배고픔이 고통이지 않기에, 그 고통을 경험한 적도 없고 상상하지도 않습니다.

요즘 아이들이 태어나서 겪는 가장 큰 고통은 소속된 집단에 대한 불안입니다. 엄마, 아빠가 전부이거나, 혹은 형제 한둘이 더 있는 집단, 충분한 지원이 없는 힘든 맞벌이나, 이혼으로 불안정한 가정에서 태어나 어렸을 때부터 다닌 여러 작은 집단 등에서 살아남는 것이 가장 큰 불안이자 고통인 세대입니다. 그리고 자기가 속한 집단들 안에서 인정받을 뿐 아니라 무언가 의미 있는 일을 하고 있다는 느낌을 갖는 것, 허무하거나 공허한 느낌에 시달리지 않는 것이 아이들에게 제일 중요한 동기입니다.

그 유명한 매슬로의 욕구단계 이론에 따르면, 생존과 소속에 집착했던 과거 세대보다 의미와 자아실현을 추구하는 지금의 세대가 더 고양된 욕구에 대한 만족을 추구한다고 볼 수도 있습니다. 그러니 다행이라고 할 수 있겠지요. 이 시대에도 그저 살기 위하여, 돈과 힘에만 매달린다면 우리는 더 인간의 고유성을 발휘하기 어려운 야만의 사회로 가버리고 말 것입니다.

그러므로 변화된 시대적, 문화적 환경 속에서 새로운 문명을 꽃피우기 위한 지금의 새 세대의 삶에 과거의 욕구와 목표를 고정시킬 수는 없습니다. 그것은 불가능한 설정입니다.

즉 단지 살기 위하여, 단지 배고픔을 겪지 않기 위하여, 단지 지금의 몇 안 되는 가족들과 패거리만 행복하기 위하여, 체제에 순응하고 시키는 것만 하라는 것은, 구시대의 형벌을 이용하여 아이들이 더 발전해갈 수 없도록 옥죄는 식민시대의 통제 같은 일입니다. 혹은 구체제가 유지되어야 더 이익을 보는 낡은 세력들이 하는 일이거나 이에 연합하는 일입니다.

지금 우리는 배고픔을 다시 강요하는 분위기로 역행하는 힘과 싸워 아이들의 외로움을 인정하고 새로운 소속감과 인정체계를 만들어가려는 노력들을 해야 합니다.

지금의 여러 체계는 새로운 세대에게 한심하게 보일 수 있습니다. 시대에 뒤쳐진 어른들에게는 새로운 체계를 만들기 위해 새 세대의 욕구를 파악하고 협력하는 지혜가 필요합니다.

학교를 가는 이유

학교는 친구 만나러 간다.
학교는 부모님들이 가라고 해서 간다.
학교는 그냥 특별히 갈 곳이 없어서 간다.
학교는 공부하러 간다.
학교는 밥 먹으러 간다.
학교는 작업(돈 뺏기)하러 간다.

학교에 공부만 하러 가는 아이들은 없다.
공부는 학원에서 하면 되고
학교는 친구를 만날 수 있어 좋은 곳이다.

어른들은 모른다.
우리가 학교에 공부하러 가지 않는다는 사실을
알면서 모르는 척하는 것일까?
착각에서 깨어나지 않는 것인가?

학교는 한 가지 이유로 가는 곳이 아니다.
한 가지 가장 중요한 이유를 말하라고 하면
친구들이 거기 있다는 사실이다.
그뿐이다.

유혹에 빠지고
중독된
아이들의 생활

집밥보다 편의점 도시락

식문화의 변화도 큽니다. 아이들이 밥, 김치, 생선을 잘 먹지 않고 고기와 피자, 치킨을 더 선호합니다. 과거 어른들에게는 간식이나 특식에 해당되는 음식들이 이제 아이들의 시대에는 주식으로 자리를 잡고 있습니다.

아이들의 입맛에 변화가 생기는 것은 광고의 영향이 큽니다. 아이들이 패스트푸드 음식을 좋아하는 것은 아이들이 좋아하는 연예인들이 나와 광고를 하면서, 시각적·후각적 자극과 더불어 보상시스템을 작동하기 때문입니다(치킨, 피자 등의 광고들은 십대를 겨냥하거나 젊은이들을 겨냥합니다).

우리는 언제나 원인과 결과를 혼동합니다. 대기업들의 음식 광고가 지금처럼 무작정 전달되지 않는다면, 치킨, 피자, 햄버거를 지금처럼 먹지는 않을 것입니다. 이런 광고를 허용해서 아이들이 그런 음식에 대한 소비자가 되고 중독자가 되도록 합니다. 나중에는 중독된 아이들을 혼내는, 웃기는 일을 우리는 반복하고 있습니다.

아이들의 입맛에 관해서는, 대기업과 집 밥의 대결에서 집 밥의 완패입니다. 패스트푸드, 몇몇 유명 요리사들의 레시피와 겨루기를 시도했던 엄마의 손맛과 정성, 비장의 레시피는 밀려나고 있습니다. 이제 엄마, 아빠들의 요리는 사라지고, 대기업 정크푸드들과 대기업에 맞먹는 요리사들의 레시피로 우리 아이들의 영양을 채우고 있습니다.

또한 아이들의 입맛이 변하는 큰 요인 중 하나는, 조용히 앉아서 음식과 대화를 즐기며 식사조차 할 수 없는 아이들의 생활 환경입니다. 아이들이 이전보다 바빠졌기 때문에 그렇습니다. 시간이 갈수록 반찬 문화는 사라지고 한 번의 식사에 한 그릇의 주요리를 먹는 서양문화가 자리잡고 있습니다. 어떤 아이들은 그냥 큰 그릇 하나에 다 담아달라고 합니다.

학교와 학원을 이어 다니는 아이들에게 여유 있는, 정성스런 음식이 있는 저녁 시간은 사치입니다. 초저녁 퇴근길에 편의점에서 불닭볶음면에 치즈마요 삼각김밥을 먹는 초등학생을 보면 마음이 복잡합니다.

사실, 이제는 저녁 식사가 가족과 함께 하는 것이 아닙니다. 저녁 식사를 같이 할 수 있는 날이 주말 중 하루뿐이기도 합니다. 평일 저녁 식사는 정말 초등학교 저학년 때까지, 그것도 엄마랑 아이들만 함께 할 수 있는 식사입니다.

이런 생활 패턴이 더욱 고착되면서 아이들은 점차 편의점 음식, 패스트푸드, 분식점 음식들을 주식으로 먹고 있습니다. 이 과정에서 엄마의 요리는 맛을 잃어갑니다. 많은 청소년들이 얼마 전부터 단호하게 말하는 것을 듣고 놀라곤 합니다.

"엄마는 요리를 못해요, 편의점 도시락보다 맛이 없거든요! 그래서 먹고 들어가는 것이 나아요!"

카오스의 세계, 스마트폰 세상

요즘 아이들이 가장 나쁘게 여기는 부모 유형은 무엇일까요? 그것은 바로 스마트폰을 사주지 않는 부모라고 합니다.

스마트폰은 모든 생활의 기본을 하게 해줍니다. 페이스북과 메신저, 카카오톡, 유튜브, 휴대전화, 인스타그램 등이 요즘 아이들 생활의 기본 인프라입니다. 이런 것들이 갖추어지지 않으면 아이들과 관계를 맺거나 유지하며 지내기 어렵습니다.

요즘 아이들은 TV도 거의 보지 않고 지내기 때문에, 스마트폰 없이 지내면 서로 소통하기도 공감하기도 어렵습니다. 마치 문명의 사각지대에 혼자 지내는 것처럼 여깁니다. 쥐라기 시대에 살아 있는 것과 같은 것이지요.

일부 공신폰이나 폴더폰을 사용하는 아이들은 스스로 선택한 경우를 제외하고는 말 그대로 형벌을 받아 자숙하고 지내는 상태입니다. 자숙 기간이 지나면 곧 스마트폰으로 바꿀 거니까요. 그렇게 바뀐 세상이 되어버렸습니다.

우리는 지금 다른 나라보다 더 심각한 상황입니다. 왜냐하면 우리가 다른 나라보다 조금 더 빨리 아이들에게 스마트폰을 보여주고 사주고, 심지어는 어른들의 주민번호로 연령제한이 있는 게임도 하게 해주고,

간단한 방법으로 야한 동영상도 볼 수 있게 해주기 때문입니다.

이미 아는 분들은 다 알겠지만 성인 주민번호 하나만 있으면 스마트폰 하나로 얼마든지 많은 성인들의 세상을 탐험할 수 있습니다. 그래서 여러 부작용들이 생겨납니다. 이것 또한 '병주고 약주고 시리즈'의 대표 중 하나입니다.

성인 인증 절차에 대한 여러 사회적 제안이 있었지만, 기존 회원 혹은 사이트 방문을 손쉽게 하려는 여러 세력들로 인해 그 정도 부작용을 감수하는 사회입니다. 최대한 많은 사람들을 유혹해서 스마트폰을 사용하게 하고, 이에 반대하는 사람들을 최대한 호도하고, 사용자는 최대한 중독시키고, 부작용은 최대한 숨깁니다.

결국 가장 나쁜 사람은 그 청소년과 그 가족이 되게 하는 사회입니다. 아이들은 정말 화가 나지만, 이미 중독되어 어쩔 수 없이 억울하게 엮이고 묶여서 헤어나올 수 없는 노예 같은 상태가 되었습니다.

돈이면 안 되는 것이 없고, 돈을 버는 데 방해가 되는 것은 모두 사라지게 해줄 수 있는 세상이지요. 그래서 사람들이 가끔 말합니다. 영화보다 더 한 세상이라고요.

"여행도 시시해요"

스마트폰 보급 이후 아이들이 바라는 여행지 후보가 바뀌었습니다. 가장 멋지고 좋은 곳이 아니라 와이파이 잘 터지는 곳으로요. 이미 많은 부모들이 이 사실을 잘 알고 있습니다.

그리고 아이들이 갈수록 몸을 쓰지 않고 생활하면서부터 직접 체험 위주의 여행은 갈수록 성가신 활동이 되었습니다. 왜냐하면 그런 것들은 이미 어딘가에 있기 때문입니다. 어디에 있냐면 유튜브와 구글에 있습니다.

아이들의 인지활동의 방식은 그렇게 작동합니다. 학교에서 숙제로 지구상의 어떤 곳을 공부하기로 하면, 구글과 유튜브에서 온갖 정보를 다 찾을 수 있습니다. 사진과 정보, 그 지역에 사는 사람들의 최신 뉴스를 알 수도 있고, 인스타그램이나 트위터를 통해서 그 지역에 사는 사람들에게 무작정 인터뷰를 할 수도 있습니다.

그러므로 와이파이가 터지지 않는, 도심을 벗어난 자연에서의 휴양 여행은 아이들에게 고문입니다. 아직 아이들에게는 친구들을 떠나 홀로 자연 속에서 지내보라는 '나 돌아가리라. 흙으로 돌아가 자연의 품에 안기리라'라는 생명의 신비한 속삭임이 들리지 않습니다.

탈 것, 놀 것, 연결될 것이 없는 여행은 초등학교 고학년 이상에서 20대 초반까지도 힘든 여행입니다. 그래서 부모들과 아이들의 갈등이 빚어집니다. 우리는 가족이라는 명분 하에 끝끝내 아이들을 데려가고 싶어 하지만, 그런 문화의 운명은 둘 중에 하나입니다. 과거의 문화여서 참혹히 사라지거나 새로운 방식을 도입하여 형성해야 할 문화일 뿐입니다.

더군다나 우리가 어렸을 때부터 꾸준히 몸을 써서 다니는 체험형 여행을 개척해 오지 않았다면 사춘기 자녀와 그런 여행을 다니기란 불가능에 가깝습니다. 더불어 벌레 하나 없는 리조트, 호텔 중심으로 가이드에게 전적으로 의존하는 패키지 여행만 다녀오던 가족들은 사춘기 자녀와 체험형 여행을 하기가 더욱 어려울 것입니다. 이 여행의 경험적 차이로 우리가 아이들을 비난한다면 아이들은 또 억울할 뿐입니다.

옷은 잠시 입었다 버리는 것일 뿐

옷은 아이들과 어른들에게 전혀 다른 기능을 하는 물품이 되어가고 있습니다. 부모 세대는 옷의 기능이 중요하고 멋은 그 다음입니다. 그러나 아이들에게 특히 패스트 패션에 익숙해진 아이들에게 옷은 유행에 따라 잠시 입었다 버리는 소모품입니다. 특정 브랜드에 열광하는 아이들일수록 더 그렇습니다.

근면·검소·절약의 문화에 익숙한 사람들에게는 옷을 오래 입는 것이 큰 덕목입니다. 그러나 지금의 아이들에게 그것은 끔찍한 일입니다. 부모들이 십 년 동안 유행과 무관히 한 가지 옷을 입고 다녔다는 것은 아이들 식으로 직설적으로 말한다면 '개구린' 행동입니다.

많은 브랜드들이 신상품을 내놓고, 아이들은 유혹에 빠집니다. 일부 재벌급 사람들을 제외하고 개인들의 디자이너는 사라졌습니다. 우리 동네 양장점이나 양복점은 사라졌고, 대기업이 만든 옷만 입을 수 있는 시대에 그 대기업들이 유행을 생산하고 판매하면 우리는 유통해야 하는 의무를 가진 사람처럼 옷을 사고 입고 다닙니다. 한편으로는 개성을 추구하면서도 몰개성의 상징인 유행의 물결에 동참합니다.

아이들은 그 옷을 입는 집단에 자발적으로 가입하듯이 유행하는 옷을 사 입고 다니면서 소속감까지 얻으려 합니다. 심리적 행위가 동반된 옷입기가 요즘 아이들의 문화입니다. 자신들만의 문화가 개입된 브랜드

유니폼을 입고 다니다가, 계절이 바뀌고 해가 바뀌면 버리고 또 새 유행을 좇아야 합니다.

그런데 부모들이 옷을 '오래 입어야 한다, 옷이 견고하고 질겨야 한다, 바느질이 잘 되어 있어야 한다'는 식의 이야기를 하면, 아이들은 소리 지르고 싶을 정도로 소름이 돋고 싫다고 합니다.

그래서 아이들은 친구들끼리 쇼핑하러 다니고 싶다고 합니다. 작년에 입던 옷은 이제 버리거나 재활용하라고 던져놓고 밤늦은 시간에 옷을 사러 친구들과 뭉쳐서 나간다고 하는 것이지요.

미워하면서도
부모에게
의존하고 싶은 이유

"그래도 엄마가 필요해"

아이들은 부모로 인해 하는 고생이 너무 많다고 이야기합니다. 부모는 안달하고 아이들에게 애걸복걸한다고 합니다. 부모들은 자식을 사랑해서 그렇다고 하고, 부모들이 원하는 것을 해달라고 그렇게 한다고 합니다.

세월이 지나면서 그런 부모에게 느끼는 감정은 측은함과 더불어 부담감뿐이라고 합니다. 그런 부모로 인해 이미 많은 고생을 한 뒤, 부모로부터 마음도 몸도 독립해야 합니다. 하지만 실제로 독립하고 지낼 것을 생각해 보니 너무 힘들지 않을까 걱정스럽습니다.

최근 군대를 마치고 복학해서 지내는 대학생들 사이에서 떠도는 이야기가 있습니다. 그것은 사춘기 때와 달리 '엄마에게 잘 보이기' '엄마랑 살 수 있을 때까지 오래 살기'라고 합니다. 이것은 사회에 나가 독립적으로 살아가기 어려운 청년들의 심정을 담은 이야기입니다.

사실 이미 청소년기 초기부터 부모의 잔소리, 부모의 개입, 부모의 의존이 화가 났지만, 그런 부모의 대우와 정성이 사라지면 얼마나 살기 힘든지를 사회에 나가기 직전 군대에서 경험합니다. 그러니 밖에 나가 살기보다는 잔소리를 듣더라도 부모의 눈치를 보면서도 버티자는 이야기입니다. 그래서 부모에게 '예쁜 아들이 다시 돌아왔다'라는 느낌을 주자는 이야기입니다.

아이들은 친구 같은 부모, 좀더 잘사는 부모랑 만났으면 내 삶이 지금보다 한결 나아졌을텐데 하는 이야기들을 하기도 합니다. 우리 사회에서 얼마나 부모와 자식이 분리가 되어 있지 않은지와 더불어 아이들에게 자립이 얼마나 어려운지를 전해주는 이야기입니다. 그리고 우리 사회가 젊은이들에게 계층이동의 역동적인 소식들을 전해주지 못했는지를 이야기해 줍니다.

본인 자신의 노력으로 이룰 수 있는 것이 많지 않다는 비극적 인식이 아이들에게 꿈을 갖기보다 이미 성공한 부모 세대에 의존하기를 바라는 마음을 자꾸 키워가는 것 같아 걱정입니다.

소수만 챙기는 사회, 아이들은 더 빨리 포기하고 있다

"그냥 답답할 뿐이에요"

어른들의 조바심에도 불구하고 이제 아이들의 마음은 점차 안정기에 들어가는 것 같습니다. 일부 아이들을 빼놓고, 다수의 아이들은 특별히 할 일이 없다고 하는 분위기입니다. 현재 청소년들의 분위기에 큰 대세를 이루고 있는 정서는 포기와 체념, 단념입니다.

4차 산업혁명에 따른 교육혁명은 어른들의 마음속에서만 일어났을 뿐입니다. 알파고를 포함한 인공지능, 로봇 혁명, 드론 배달, 자율 주행 등 어떻게 전개될지 알 수 없는 4차 산업혁명에 대해 이야기했는데, 그 일은 소수를 위한 이야기일 뿐이라고 아이들은 말합니다. 많은 우리의 아이들은 이제 또다른 포기를 앞에 놓고 고민하고 있습니다.

우리 사회가 언제나 다수는 버리고 소수는 챙겨가는 시스템인 것을 아이들에게 다시 알게 해주었을 뿐입니다. 정권이 바뀌어도 교육 마피아, 사교육계의 힘을 뒤집을 역량은 현재 없는 듯합니다.

아이들도 잘 알고 있습니다. 이 체계 안에서 다수인 우리들이 살아갈 방도는 없으므로 포기합니다. 일본 작가 무라카미 류가 바라는 방법까지는 도달하지 못하지만 말입니다. 그는 일본 교육개혁을 위해 전 일본 전교생 등교 거부라는 거창한 환상을 꿈꾸었지요. 왜냐면 어른들을 포기했기 때문입니다.

하지만 우리나라 아이들도 이미 시작은 했습니다. 점차 포기하는 문화가 하향 연령화되어 보이지 않는 연대가 시작되었지요.

이미 초등학교 때부터 과목별 포기는 시작했고, 중학교 때 시험을 포기하고 학교 공부에 대해 포기와 체념을 하고, 고등학교 1학년 때 이제 학교를 포기할 것인가, 그리고 인생을 통째로 포기할 것인가, 현세에서 다른 사람들의 기준으로 행복하게 산다는 것을 단념할 것인가, 말 것인가를 결정한다고 합니다. 그 고통의 문턱을 완전히 넘으면 달관의 상태에 도달해 자신의 누추한 삶에 대한 부끄러움마저 사라진다고 합니다.

이렇게 포기가 만연한 분위기인데도 불구하고, 이 나라의 어른들은 포기를 부추길 계획을 더 세우는 것에 몰두하는 것이 아이러니합니다. 그것은 정의로운 어른들이 줄을 확실히 세우고, 변별력을 더 뚜렷하게 하고 싶은 욕망 때문이라고 하지만, 사실은 무수한 사교육자들의 욕망을 수용하고, 강남 중위권 학생들의 인생 역전 기회를 주기 위해서입니다.

소수의 지배계급의 자녀들은 그 법칙을 따르겠지만 포기한 다수의 아이들은 담담히 무기력하게 생물학적 어른이 되어갈 것입니다. 어떤 아이들은 학교와 학력이라는 거대한 체제에 갇힌 죄수처럼 어떤 탈출구가 있는지 탐색하거나, 그냥 이 시스템을 즐깁니다. 책임은 없으니까, 그리고 자식이 하나둘밖에 없는 가정에서 부모가 버리지 않는 한 굶어 죽지 않을 테니까요.

그런데 의문은 여전합니다. 저와 상담하는 고등학생이 심각하게 질문했습니다.

"이렇게 다 자는데, 그냥 수업을 계속 하는 선생님의 심정은 어떨까요? 이렇게 무의미한데 이 오랜 생활을 이 방법 말고 다른 방법으로 바꾸지 못하는 이유는 무엇인가요? 수학 하나로 인생 전체를 포기하는 수많은 아이들이 있다는 사실이 이 현대사회에 가능하도록 두는, 한국의 똑똑한 어른들은 누구인가요? 이 모순을 안고 지내는 아이들만 혼내면, 아이들은 모두 어디로 가야 하나요? 그래서 게임으로 가면 게임 중독, 랩으로 가면 힙찔이, 두려워서 못 나가면 은둔형 외톨이, 괴로워서 자해하면 자해질로 몰아붙이는 방식이 변할까요?"

저도 고등학생 때 그런 질문을 선생님들께 하곤 했습니다. 하지만 지금도 이 모양입니다. 수수께끼도 아닌데, 답을 알아도 답에 이르지 못하는 것은 무엇이라 부르는지 모르겠습니다.

포기하고 있는 아이에게 최선을 다하지 않는다고 부모와 선생님이 혼내면 아이는 할 말이 없습니다. 그냥 답답할 뿐입니다. 그렇게 답답함을 가슴에 가득 안고 아이들이 크고 있습니다. 그래서 아마도 이번 생애에 이해받기는 틀린 것 같습니다.

아이들을 화나게 만드는 것들

- 많이 시키는 것, 그것도 아주 일찍부터. 생각할수록 화난다

- 어른들 맘대로 시키는 것, 이것도 화난다.

- 내 편이나 형제가 별로 없는 것, 이것도 화난다.

- 잘하라고 난리치는 것, 이것도 화난다.

- 못한다고 무시하고 괄시하는 것, 이것도 화난다.

- 차별하는 것, 이것도 화난다.

- 들인 돈과 쏟은 시간 이야기할 때, 완전히 화난다.

- 어느 날 맘대로 하고 싶은 거 하라고 할 때, 이때도 화난다.

- 보기도 힘들고, 같이 살기도 힘들다고 할 때, 화난다.

- 이제 와서 네 인생 네가 책임지라고 하니, 미쳐버리겠다.

- 사회에서도 너희같은 것들은 개·돼지라고 하니, 개·돼지가 되어주고 싶
  다. 특히 미친 개. 완전 빡치는 것은 '레밍' 같은 어려운 말로 놀리는 것.

- 돈도, 부모도 능력이라 하니 더 할 말이 없다. 내 존재 자체에 화가 난다.

- 나를 이렇게 만든 집, 학교, 사회에 언젠가 앙갚음을 해주고 싶은데, 용기
  가 없는 나 자신에게 더 화가 난다.

- 죽든지, 죽이든지, 포기하든지, 그냥 살든지, 하루에도 여러 번 마음이 오
  락가락하는데, 결정을 할 수 없어서 화가 난다.

- 그냥 게임하고 야동 보고 유튜브 보면 다 잊을 수 있다. 휴대전화만 뺏지
  마라. 그러면 진짜 다 폭파시킬 테니.

- 울분에 찬 생활도 지겹다. 그냥 멸망했으면 좋겠다. 미련이 없다.

6장 체험의 상실

"공부 말고
해본 일이 없다"

"고통은 건강의 일부다.
정신세계가 클수록 더 큰 고통이 있다.
인간은 고통을 피하기 위하여 스스로를 더 작게 만든다."

— 마이클 아이건

가족보다
시험이 먼저

시험기간과 확대가족 붕괴

교육감님, 교장 선생님들께

"중고등학교 시험은 청소년들과 그 가족을 해체시키고 확대가족을 파괴한다! 특히 2학기 중간고사는 추석과는 겹치지 않게 반드시 다른 기간에 배치해달라!"

매년 2학기 중간고사 일정은 초미의 관심사입니다. 추석 연휴를 의미 있게 보낼 수 있느냐, 없느냐와 연관이 되어 있으니까요.

추석 때 시험으로 인하여 가족과의 오붓한 만남, 친척들 간의 교류, 시골에 계신 친가, 외가댁의 할아버지, 할머니를 만나지도 못한다면, 이런 시기에 시험을 치르는 것을 그냥 두어야 할까요?

2학기 중간고사는 일찍 보든가 아니면 추석과는 먼 기간에 치르도록 하여 가족들과 함께 지켜야 할 미풍양속이 유지되도록 해야 합니다. 그러므로 교육감, 교장 선생님. 학사 일정을 짤 때 이 부분을 꼭 고려해 주세요. 현대사회에서 바쁘게 살아가는 우리가 그나마 혈연 간, 이웃 간 정을 나누며 함께 만나 나누는 시간조차, 그 공간조차 사라집니다. 최근 친족들 간의 정도 사라지고, 이웃 간의 정도 사라진다는데 이런 상태가 계속 되면 안 될 것 같습니다.

— 중간고사 및 민족 명절 추석 정상화 추진을 바라는 학생 일동

위의 글은 아주 오래전 어디선가 본 글을 약간 재구성한 것입니다. 사실 현재의 학교와 학사제도가 우리 삶을 어떻게 파괴하고 있는지를 들여다보는 일은 중요한 일입니다. 특히 중고등학교의 시험은 단지 청소년뿐 아니라 사회 전체에 미치는 영향이 큽니다. 그 영향은 우리 삶을 바꾸어놓기까지 했습니다.

청소년들의 시험에 대한 중요성이 커져서, 사회적 만남, 친인척들 사이의 만남을 봉쇄하는 요인으로 작용하기까지 이르렀습니다. 특히 윗글을 쓴 아이들 말처럼 2학기 중간고사는 그 시험기간이 어떻게 배치되느냐에 따라 가정파괴와 확대가족 붕괴 과정에 크게 기여하지 않나 싶습니다. 시골에 사는 조부모나 친인척을 만날 기회가 없는 아이들은 청소년기 동안 운이 없으면 일 년에 두 번 볼 기회를 반으로 줄여야 합니다.

어떻게 하다 이 지경이 되었는지는 모르겠으나, 우리는 청소년기 가장 변화무쌍한 시기에 친인척과 조부모를 만나지 못하게 하여 아이들의 생애에 이 부류의 사람들이 미치는 영향을 말살합니다. 요즘 아이들은

이렇게 친족에게조차 멀어진 채로 지내고, 시험에 매달려 살아가는 고립된 존재로 성장합니다.

시험이 추석 후에 치러지게 되면, 어떤 집에서는 부부싸움부터 시작해서 가족간 다툼이 커집니다. 시험과 성적이라는 현실을 최우선으로 고려해야 한다는 주장과 인간으로서의 도리를 다해야 한다는 주장 하에 자칫 싸움이 커지면 명절을 망쳐버리기도 합니다. 그리고 싸움이 더 커지면 가치관의 대결로까지 번져버립니다.

아이들은 자신이 잘못한 것이 없지만, 자신의 학교 시험 때문에 벌어지는 가족들의 다툼에 불편해지고 힘들어집니다.

아버지는 온 가족이 함께 조부모 댁에 가기를 바라고, 어머니는 아버지만 다녀오기를 바라고, 아이들은 두 부모님이 갔다 오기를 바라는 동상이몽의 현실입니다. 이 과정에서 서로의 마음이 다르다는 것을 확인하는 것이 고통스러운 일이긴 합니다. 시골에 계신 조부모님들은 보고 싶은 손주가 시험 때문에 못 온다고 전화가 오면, "시험이 더 중요하다. 올 필요 없다"라고 하지만 못내 아쉽습니다.

시험 하나가 이렇게 우리들에게 미치는 영향이 큽니다. 만날 기회를 잃고, 만날 공간을 잃으며 점차 중요하지 않은 관계로 전락하여, 그나마 기댈 사람이 없다고 호소하는 현대인들의 삶을 더 부실하게 만듭니다. 아이들의 몸은 시험에 묶여 있고, 그래서 점차 마음도 묶여서, 가까운 사람들로부터 더 점차 멀어집니다.

그렇게 된 것이 지금까지 몇 십년째이고, 그 영향은 왠지 더 커졌습니다. 아마 자손이 여럿일 때는 번갈아 갈 수 있었는데, 자손이 한둘이다 보니까 더 그런 것 같습니다.

청소년기 큰 변화가 있을 때 보지도 못하고 대화도 나누어본 적 없는 사람들이 어느 날 나타나서 "내가 네 인생에 중요한 사람이다"라고 말하며 도움을 주기란 어렵습니다. 아이들의 인생에는 사람이 없습니다. 학교 선생님, 학원 선생님 빼고 영향을 주는 사람이 없습니다. 그래서 더 돕기가 어렵습니다. 예전에는 아이와 친한 이모, 고모, 삼촌, 외삼촌 혹은 사촌 등 누군가가 나서서 돕기도 했는데, 이제는 그럴 사람도 없고 그럴 사람이 생길 수 있도록 허락하지도 않습니다.

아이들이 나쁜 것이 아닙니다. 이 시대가 잔혹한 사회적 장치인 시험으로 인하여 우리를 갈라놓았습니다. 아이들이 사람을 중요하지 않게 여기도록 훈련된 것입니다. 아이들은 시험, 성적, 경쟁 이 쳇바퀴에, 이 세뇌에 점차 길들어 할아버지한테도, 친척 집에도 이제 가기가 귀찮아졌습니다. 인간이 귀찮아졌습니다. 그래서 우리는 점점 비인간적인 사회가 되어가고 있습니다.

도울 사람도 없고, 도움을 청할 사람도 없는 비정한 사회는 통계가 말해 주고 있습니다. 이렇게 강도 높게 시험을 치르는 한국, 일본 등 몇 안 되는 나라에서 아이들은 그렇게 살아가고 있습니다. 이 사회적 시나리오를 변경하지 않게 하는 그들은 누구일까요?

학습지 지참 휴가를 반대한다

초등학생을 많이 상담하지는 않습니다만, 간혹 상담할 때가 있습니다. 산만하거나 기분 조절에 어려움이 있는 아이들을 상담하기도 합니다. 최근 한창 좋아지고 있는 친구가 할 말이 있다고 하면서, 어머니와 함께 앉은 자리에서 비장한 목소리로 말했습니다.

"난 이번 가족 여름휴가를 가지 않을 거예요!"

이 녀석이 이른 사춘기가 왔나 하는 마음으로 물었습니다.

"그래? 여름휴가를 안 가는 대신 좋은 다른 계획이 있어서 그러나요?"

"그게 아니에요. 작년에 여름휴가를 갈 때 엄마가 학습지를 가져갔기 때문이에요"

엄마가 눈이 휘둥그레지더니, "그래서 그게 뭘?" 하며 아무렇지도 않게, 그것이 문제가 되지 않는다는 투로 말했습니다.

"헐, 선생님, 낮에는 관광하고 놀다가 저녁 때 숙소로 돌아오면, 호텔이 마치 우리 집 공부방처럼 변하는 거예요. 그러니까 이건 낮에 체험 활동, 밤에는 공부방이 되니까 쭈욱 신나게 노는 게 아니지요. 더군다나 휴가는 4박 5일인데, 엄마가 치사하게 학습지를 무려 5일치를 가져가서 하루치는 비행기 안에서 했단 말이에요. 너무 억울해요"

아이는 심각하게 말하고 있었습니다. 그리고 아이 말이 맞았습니다. 그곳은 동남아 관광지역의 호텔이 아니라 문제를 풀어야 하는 공부방이었습니다.

가족 모두가 함께하는 휴가의 시간과 공간에도 부모의 불안, 그리고 그 불안에 연결된 학습노동이 찾아들었습니다. 기성세대도 부모들에게 6·25전쟁 때 천막치고 공부했다는 이야기를 지겹게 들었습니다. 그리고 동남아 호텔로 가족 휴가를 왔어도 학습지와 함께 공부텐트를 쳐서 아이들을 하루도 쉬지 않게 공부를 시킨 것입니다.

아이들이 정말 일용할 양식으로서 문제 풀이를 반드시 해야만 잠을 잘 수 있는 노예처럼 보였습니다. 눈에 보이는 채찍이 아닐 뿐 마음의 채찍으로 아이들을 쳐서 낮에는 놀게 하고, 밤에는 문제지를 풀게 하는 것이지요.

아이는 그 느낌이 아마도 싫었을 것 같습니다. 그래서 심각하게 저항을 한 것입니다. 하지만 그 아이의 어머니는 그 심각성을 느끼지 못했습니다. 제가 아이 편을 들어주었지만 어머니는 들을 귀가 없었습니다. 저는 부모 욕망의 노예가 된 저 아이가 학습노동을 더 잘하도록 도와주는, 노동력 착취를 보조하는 의사가 된 느낌이 들었습니다.

잠시 어떻게 해야 할지 망설였습니다. 그리고 어머니만 따로 보기로 약속을 하고 아이의 처방은 예전 그대로 했습니다. 어머니와는 따로 만나볼 예정입니다. 그리고 의사로서의 나 자신을 점검하고 내가 무슨 일을 하는 사람인지에 대해 그 사이 분명하게 입장을 정리했습니다.

아무런 경험이 없는 아이들

몇 년 동안 대학 신입생들과 워크숍을 진행할 기회가 있었습니다. 전공을 정하지 않은 1학년 학생들과 정체성을 찾으며 대학생활의 어려움을 나누는 프로그램을 진행했습니다. 정체성 찾기 작업을 위해 과거 자신의 경험을 이야기할 수 있는 설문을 필수적으로 해야 했습니다.

자립적인 생활력을 포함해 다양한 경험을 묻는 설문에서 학생들의 답은 다소 충격적이었습니다. 많은 학생들이 뜻밖에 아무런 경험이 없었기 때문입니다. 집안 청소, 식물 가꾸기, 본인 스스로의 창작 경험, 전기, 목공, 요리, 봉사 등 아이들이 해본 일이 너무도 없었습니다.

진짜 공부만 하다 온 아이들이 너무 많았습니다. 학생 가운데 90퍼센트 이상이 못질을 해본 것이 초등학교 6학년 때가 마지막이었고, 톱질을 해본 적이 있냐고 물었더니, 정말 한두 명이 목공 수업 중에 잠깐 해본 적이 있을 뿐, 무엇을 완성해서 만들기까지 한 아이들이 없었습니다.

라면 끓이기와 계란 프라이, 스크램블까지 할 수 있는 아이들은 정말 훌륭한 아이들이었습니다. 밥을 해본 적이 있는 아이들은 100여 명이 조금 안 되는 남학생 중에 5명이 되지 않았습니다.

톱질, 못질은 물론이고 형광등 갈아 끼우기나 방청소도 안 하고 스무 살이 되었습니다. 그래서 손과 발은 오직 공부하고 학원 다니고 문제 풀고 게임하고 먹고 마시는 데만 써본, 이 경험 없는 청년들을 어찌해야 하나, 남학생들은 군대에 가면 진짜 고생이 크겠구나, 무언가를 시키면 엄두가 나질 않겠구나 하는 느낌이 들었습니다.

여학생들도 마찬가지였습니다. 몸을 사용할 기회가 거의 없었고, 뇌를 사용하여 외우고, 문제 풀고, 손을 사용하여 답을 찍거나, 답을 쓰는 일만 거의 전적으로 하다가 성년이 된 셈입니다. 그러면 앞으로 그 외에 필요한 손과 발, 허리와 등으로 해야 하는 일은 어떻게 해야 할까요? 이 질문에 대해 신입생들은 이렇게 대답했습니다.

"돈주고 시키면 되지요."

"다 만들어진 것을 사면 되지요."

"할 줄 아는 사람을 고용하면 되지요."

"엄마를 부릅니다!"

이 답들은 그날 우스갯소리처럼 나온 말들입니다. 이 답을 놓고 아이들을 비난하는 것은 전혀 아닙니다. 우리 자신들을 돌아보고자 하는 이야기입니다. 우리는 아이들에게 일부 뇌를 사용하는 것을 제외하고는 가르치지 않아, 아이들이 더욱 힘들게 살아가도록 키웠습니다. 우리 자신에 대하여 깊이 생각해 볼 일입니다.

입시공부에
감금당하다

자기주도성을 잃어버린 아이들

대한민국에서 청소년으로 사는 것은, 열려 있고 펼쳐진 이 세상에서 자신을 가두는 것을 결심해야 하는 일입니다. 아주 기본적인 자유에 대한 박탈을 스스로 시행해야 합니다. 즉 자신의 몸을 어디엔가 가두어야 합니다.

학교에 가두어야 하고, 거의 모든 시간 공부라는 활동에 갇혀 지내야 합니다. 동시에 만날 사람들을 제한하고 현실적인 여러 시공간에서 점차 사라져야 합니다. 그래서 의미 있는 접촉이나 만남은 사라집니다. 이 과정에서 인간관계에 대한 욕구가 큰 아이들일수록 더 큰 어려움에 빠집니다.

한마디로 미로로 가득한, 사방이 절벽인 섬에 유배되어 사는 것과 같은 삶을 살아야 합니다. 아이들에게는 만남도 절벽이고, 독서도 절벽이고, 여행도 절벽입니다.

시간이 지나 절벽뿐인 생활에서 마치 유배에서 풀려나는 사람처럼, 이 시기를 벗어날 때쯤이면 마치 시설증후군에 걸린 환자처럼 되고 맙니다. 주는 밥 먹고, 시키는 대로 하고, 침대 주변만 서성거리고, 시간에 맞추어 잠을 자고 일어나는 수용소 생활 같은 삶 말입니다.

그래서 자기주도성이 없는 상태의 인간처럼 되어버리기 쉽습니다. 그 결과로 자신만의 독특한 흔적을 남기며 자유롭게 돌아다니는 인간이 될 수 없게 됩니다.

사방이 절벽인 섬에서 가장 많이, 익숙하게 한 일이 아마 OMR 답안지에 색칠하기일 것입니다. 오랫동안 끝없이 문제를 풀고, 답을 기입하며 온갖 시험을 치르는 사람으로 남아 있다가 그후에는 시키는 일, 돈 많이 주는 일, 안정된 일에 사로잡혀 사는 사람이 되어 살 것입니다.

점점 한정되고
줄어드는 움직임

일하는 몸을 잃어버렸다

우리 아이들은 몸을 잃어버린 지 오래입니다. 20여 년 전에 미국의 교육운동가 존 테일러 개토(John Taylor Gatto)가 말했듯이 우리는 아이들을 가두었습니다. 몸을 가둔 채로 살다 보니 몸을 사용할 기회를 잃었습니다. 몸에 붙어 있는 팔, 다리의 기능을 이렇게 한정하여 사용한 시대가 없을 것입니다. 손과 발을 쓰는 법도 국한되기 시작했습니다.

과거 한 뇌영상연구에서 현대인들의 뇌 특징 중 하나가 손가락을 관장하는 두뇌 부위가 이전 세대보다 두꺼워진, 즉 발달된 것이라고 했습니다. 특히 게임 중독인 아이들은 손가락 운동을 관장하는 부위가 더 두터워졌다고 합니다.

우리 아이들은 손을 다른 방법으로 어떻게 사용해 보았을까요? 마당과

정원이 사라진 아파트에 살면서 손으로 할 일은 더 없어졌습니다. 상상 속의 건축물을 만드는 레고에서 손을 떼면 아이들은 자신의 손으로 무엇을 현실적으로 만들어볼 기회가 없습니다. 청소년기가 되면 무엇을 만들 기회는 더더욱 사라집니다.

우리 아이들은 팔과 다리를 다른 방법으로 어떻게 사용해 보았을까요? 멀리 걸어 다니지도 않고 여행도 거의 다니지 않으며, 무거운 짐을 들 기회도 없고, 운동은 아주 제한된 시간 안에서만 하고 지내는데, 언제 써보았을까요?

오직 등에 무거운 책가방만 짊어지고 다니므로 등은 아이들이 중요하게 쓰는 것 같습니다. 눈, 손과 뇌 그리고 등만이 자주 사용되는 부위들이고, 나머지는 이제 퇴화를 앞둔 부위들입니다.

몸의 기능이 다르게 작동하는 방식은, 이제 몸이 일하고 작업하는 것이 아니라 보고 즐기는 하나의 전시물로 바뀐 것입니다. 춤추고 보여주고 유혹하는 데 중요한 장치로 바뀐 것이지요. 몸의 기능은 활용되지 않아 떨어지는 반면 보여주는 몸에 대한 집착은 커졌습니다.

보여주는 몸에 집착하다

작업하는 몸, 노동하는 몸은 줄었으나 몸을 가꾸고 빛내고, 몸 자체를 사랑하도록 하는 일은 늘었습니다. 특히 청소년기에 소위 말하는 아이돌 체형, 얼굴은 주먹만 할 정도로 작고 상체는 우람하지만 짧으며 하체는 길고 날씬한 체형이면, 최고의 인기를 가진 아이가 됩니다. 겉옷을 벗을 때 식스팩이 보이거나, S라인 곡선이 드러나면 그 자체가 하나의 인기 상품이 됩니다.

현대에 들어서는 몸매를 찍은 사진으로만 돈을 버는 직업도 있으므로 몸매를 잘 가꾸면 큰 수익을 낼 수 있습니다. 소수의 아이들은 이 길을 선택할 생각을 해보기도 합니다. 다수의 아이들은 자신의 몸을 공부라는 노예 노동을 통해 망가뜨리고 안 써서 몸을 버리지만, 일부 아이들은 몸을 상품화하거나 몸을 가지고 하는 다른 활동들로 자신을 빛내려 하기도 합니다.

이제 몸은 하나의 명백한 상품입니다. 어린 몸매는 더 상품가치가 높고, 여기에 청순미 혹은 순수미가 보태져서 더 값비싼 상품이 됩니다. 아이들은 몸을 쓰는 자본적인 방식을 도입해서 운동하고 기름칠하고 광을 내서 자신의 몸을 사람들에게 탐닉의 대상으로 보여주려고 합니다.

몸이 과거의 작업과 노동과는 다르게 쓰이면서, 어떤 아이들은 몸을 잃고, 어떤 아이들은 몸을 상품화하게 됩니다. 이것이 현대 청소년들의 몸에 대한 기본 감각입니다.

몸을 상품화할 것인가? 아니면 육체노동이 아닌 학습노동에 적합한 몸이 되게 할 것인가? 하는 고민을 하는 것이지요.

여행과 함께
사라진 것들

자신을 탐험할 기회가 없어지다

청소년기에 공부라는 감옥에 갇히면 아이들의 발걸음은 지도 밖을 벗어날 수 없습니다. 집, 학교, 학원, 쇼핑몰, 외식 음식점, 그리고 부모랑 다니는 패키지 여행 등 이 안에 존재가 갇혀버립니다.

짧으면 3년, 길면 6년이라는 시간 동안 아이들이 돌아다니는 곳은 고작 이런 곳뿐입니다. 이 자그만 손바닥 안에서 톡톡 뛰어다닐 뿐입니다. 아이들의 지도 끝에는 큰 대형 쇼핑몰이 자리를 차지하고 있고, 무슨 대륙만큼 큰 쇼핑몰에서 아이들은 말 그대로 쇼핑하는 여행으로 자신의 탐험을 대체합니다.

부모와 자녀 사이의 갈등으로 인해 함께 다닐 기회가 사라지면 그나마의 패키지 여행도 사라집니다. 초등학교 때 다닌 여행과 그곳에서 찍은 여행 사진이 없다면, 아이의 여행 역사는 끝입니다. 그래서 어른이 되기 전 남길 만한 여행 사진 한 장도 없게 되기도 합니다.

여행은 여러 효과로 인하여 청소년기에 권장 받는 인생 수업 중 중요한 것입니다. 위인들을 포함하여 많은 어른들은 청소년기에 그 어딘가를 다녀본 경험으로 세상에 눈을 뜨기도 했고, 새로운 꿈을 갖기도 하였습니다. 여행을 하면서 사람을 만나기도 하고, 예상하지 못한 경험을 하기도 하고, 뜻밖의 일이 벌어져 임기응변으로 문제를 해결해야 하기도 합니다.

여행은 한마디로 종합학습이자, 생존을 위한 진화론적 학습입니다. 여행을 다녀오면 그래서 사람들은 어딘가 성장해서 돌아오게 마련입니다. 그러나 우리나라에서는 아이들의 청소년기, 여행이 딱 필요한 시점에 여행이 사라집니다. 아이들은 이제 여행이 금지된, 적어도 문화적으로 금지된 세계에 들어가게 됩니다.

낯선 사람을 보고 만나는 일

여행을 통하여 얻는 여러 효과 중 하나는 여행지에서 만난 사람들을 통한 배움과 깨달음입니다. 여행을 떠나지 못하니 낯선 사람도 만날 일이 없습니다. 여행 속에서 만나는 호의적인 타인들, 여행을 떠나온 청소년이나 청년들을 격려해 주는 어른들, 그런 어른들과 여행과 인생에 관하여 나눈 대화들이 경험과 지식, 삶의 속을 채우는 일 중 하나가 됩니다.

또 그런 새로운 어른들과의 경험, 만남은 우리에게 깨달음을 가져다 주기도 합니다. 책이 담지 못했던 내용을 알게 되고, 자신만 알거나 깨닫게 된 비밀 아닌 비밀들을 여행 후 여행기로 써서 책을 내고자 하는 욕망이 생기기도 합니다. 동화부터 시작해서 옛 성현들의 글쓰기 상당 부분이 기행문이었다는 사실을 잊으면 안 됩니다.

지금 아이들의 여행은 지도 위의 어느 곳을 가는지도, 즉 여행의 좌표도 모른 채로 요란한 인증샷과 티켓 모음, 간단한 소감으로 끝나기도 합니다.

나와는 다른 방식으로 살아가는 다른 동네, 다른 사람들을 보고 만나는 것은 내가 누군지를 더 확연하게 알게 해주므로 아이들이 자기 정체성을 이해하는 데도 도움을 줍니다. 삶에 대한 호기심과 경험은 인간에 대한 이해의 다양성을 높여주기도 하고요.

또 여행은 역사의 유적과 만나게 하고 선조들의 흔적을 만나면서 과거와 현재가 어떻게 이어지게 되었는지를 가르쳐주기도 합니다. 무엇이 계승되어 전수되었고, 무엇이 역사의 뒤안길로 사라졌는지도 가르쳐줍니다. 이것은 시간과 역사에 대한 관점을 갖게 해줄 뿐 아니라 미래에 대한 감각과 안목을 길러주기도 합니다. 그래서 다음 세대에 대한 관심도 생겨나게 됩니다.

지금의 아이들은 현재 이런 감각, 안목, 관심을 모두 잃고 오직 자신에게만 안주하고 집착하는 경향이 강해지고 있습니다. 한국의 아이들은 더욱 그러하다고 할 수 있겠습니다.

이 여행 안에서의 경험과 만남은 상상하게 하고 생각하게 하고 자신의 삶 속에 자신만의 것을 갖게 하는 과정이 동반되어 있습니다. 그리고 무엇보다 그 여행의 흔적이 남은 기억, 추억은 삶을 이끌어나가는 힘이 되고 그리움, 재방문, 재회에 대한 꿈을 꾸게 하는 힘을 가져다줍니다.

또한 우리가 청소년기에 할 수 있는 중요한 여행 중 하나는 바로 큰 아버지, 삼촌, 고모, 이모, 외삼촌, 혹은 할아버지, 외할아버지를 찾아 나서서 부모 없이 그들과 지내보는 여행입니다. 아시다시피 이런 여행이 우리 문화 안에서 중단된 지도 오래되었습니다. 학원 스케줄을 포함한 여러 일정 때문에 일주일간 지속되는 친척과의 여행은 없어졌습니다.

특히 친척 집에서 머무는 여행은 더 사라졌습니다. 핵가족화 이후 지속적으로 조카는 멀어진 존재가 되어버려서, 이제 조카가 집에 와서 일주일을 머무르는 경우는 아주 드물어졌습니다. 조카가 놀러와서 머무를 수 있는 가장 적당한 기간은 최장 2박 3일이라고 합니다.

예를 들자면 이런 전환점들이 사라진 것입니다. 다음은 아주 식상한 성장 영화의 줄거리이지만 청소년기의 방황과 성장을 설명하고 있습니다. 이는 전형적인 방식이었습니다.

뉴욕에 사는 존은 지금의 부모와 거의 매일 싸운다. 도무지 부모를 이해할 수 없고, 존의 부모도 사춘기 자녀인 존을 이해할 수 없다고 한다. 정말 이러다가는 무슨 일이 일어날 것 같다. 그래서 돌아오는 방학 때 알래스카에 있는 삼촌에게 아이를 보내기로 했다. 아이도 지겨워서 부모랑 싸우며 지내니 그 편이 낫겠다고 한다. 공항에 부모가 따라 나오는 것도 싫어해서, 아이는 혼자 알래스카에 가버린다.

알래스카에서 만난 삼촌은 조카를 한없이 반기고, 이때부터 삼촌과 조카의 허니문이 시작된다. 사냥도 가고 배도 타고 낚시도 배운다. 밤

하늘에 별을 보며 뉴욕에 있는 부모 욕을 실컷 한다. 삼촌도 깍쟁이면서 공부밖에 몰랐던, 이기적인 형의 욕을 거든다. 공부는 못하지만 인간성이 엄청 좋은 삼촌은 아이에게 인생에 대해서 그가 깨닫고 배운 것에 관해 한참을 이야기해 준다.

시간이 꽤 흐르자 아이는 약간 다시 불안해지면서, 어떻든 자신은 다시 뉴욕으로 돌아가야 한다는 것을 깨닫는다. 그리고 거의 매일같이 욕하던 부모랑 다시 전화 통화를 시작하면서 여러 가지 생각들이 조금씩 바뀌어 간다. 삼촌에게 뉴욕으로 돌아가겠다고 한다. 삼촌은 잘 결정했다고 칭찬을 해주고, 아이는 알래스카에서 다시 뉴욕으로 돌아온다.

돌아올 때쯤이면 아이는 부쩍 커 있고 달라져 있다. 뉴욕에서 부모들과 포옹을 하고, 아이는 죄송하다고 한다. 앞으로 자신의 일은 자신이 알아서 하겠다고 하며, 걱정할 필요가 없다고 한다.

소위 철들 기회를 가질 수 있던 만남과 기회들이 여행이 사라지면서 다 사라졌습니다. 아이들은 철들지 못하고 어린 채로 남아 있게 됩니다. 인생의 묘미를 모르고, 해법을 찾기 어려운 아무 경험이 없는 어린아이인 채로 남아 있는 것입니다.

너는 없고
나로 가득 찬 세상

타인의 생각과 감정을 음미하는 시간

여행과 함께 사라진 정말 큰 상실은 바로 독서입니다. 영상 세대라고 부르기 전부터 우리 청소년들의 생활 안에서 독서는 방출되기 시작했습니다. 입시로 인하여 살아남은 독서라고 해봤자 모두 입시와 연관된 논술형 독서입니다.

책을 읽으면서 상상하고, 상상 속에서 만나고 꿈꾸면서 보고 싶고 그리운 곳이 생기면, 그 힘으로 참고 버티고 앞으로 나갑니다. 그런데 요즘 아이들에게는 책이 그런 힘을 주는 존재가 되지 못합니다.

문제 풀이에 익숙해진 아이들의 뇌 속 인지 시스템에서는 독서를 통해 복잡하게 다가가는 서사적이거나 서정적인 활동을 처리할 수 없나 봅니다. 그야말로 토해내나 봅니다.

독서가 주는 가장 큰 힘은 생각하는 힘입니다. 독서 자체가 타인의 생각과 감정이 옮겨진 글을 읽는 것이기에 타인의 생각과 감정을 음미하는, 즉 사유하고 성찰할 수 있는 힘을 길러줍니다. 반사하기 전에 회의하고 반응하기 전에 성찰하는 힘은 독서가 길러주는 힘이었는데, 독서가 사라지니 이런 힘도 사라졌습니다.

아이들이 가장 싫어하는 말들 중 하나가 '생각 좀 하고 행동해'라는 말이 된 것은 당연한 결과입니다. 아이들은 생각해 볼 기회를 갖지 못했으니까요. 생각을 던져주는 가장 좋은 방식인 독서가 사라지니, 아이는 생각하는 힘, 특히 타인의 생각을 읽고 들어볼 기회로부터 생겨나는 힘이 없어졌습니다.

그러므로 아이들에게 세상은 너무나 힘들 것입니다. 정답대로, 순서대로, 일어나는 일이 없는 현실과 자연의 섭리 앞에서 아이들은 속수무책입니다.

만남과 상상력이 고갈되어 가다

독서를 단지 책을 읽는 과정이라고만 여긴다면, 독서에 담긴 인간의 역동성에 대해 이해하지 못하는 것입니다. 독서는 인간이 타인과 세계를 이루는 한 생태계를 구축하는 활동입니다. 인간을 인간일 수 있게 하는 언어로 이루어지는 책은 타인을 알게 하는 매우 활동적이고 실천적인 지침을 제공합니다.

독서는 간접적으로 수많은 만남을 만들어냅니다. 그리스인 조르바부터 니체의 초인, 그리고 식민지 시대의 별을 노래한 윤동주 시인도 만날 수 있습니다. 작가를 쉽게 직접 만날 수는 없지만 그 작가의 세계를 만나기도 하고 작가들이 그려낸 여러 인물들을 우리의 상상 속에서 만납니다.

현실적으로는 그 책을 함께 읽는 사람들을 만나고, 그 책의 후기를 쓰거나 읽다보면, 또 나와는 다른 관점에서 읽은 사람이 있어서 그 사람이 보고 싶어집니다. 지금은 살아 있지 않은 작가지만 그 사람의 작품을 읽은 뒤 그 사람이 살았던 동네와 활동하던 도시를 찾고 싶고, 그곳에 가서 배회하면서 그 작가의 삶 속에 펼쳐지는 축제를 만날 수도 있습니다.

우리는 작가들의 상상을 따라가다 우리의 상상을 만들어냅니다. 책에서 만난 무수한 세상들의 다양한 모습은 우리의 상상력을 자극해서 직접 만나거나 보지도 못한 식물, 동물, 행성, 외계인을 상상으로 그려내게 하기도 합니다. 시간을 뛰어넘기도 하고 마법 속에서 변장도 하고 투명인간도 되어보고, 또 신화 속에 들어가보기도 합니다.

우리가 보는 영화들은 원작이 있고, 시나리오를 만들며, 그것을 읽은 것에 토대해 영상으로 전환됩니다. 영상 이전에 글자가 있고 책이 있었던 것이지요.

어렸을 때는 그림책을 보고 그림으로 상상하고, 점점 커가면서 글자책을 보고, 또 눈으로 본 것에 기반해 머릿속에 하나의 세계가 창조되기도 합니다. 그러나 그런 독서를 잃어버린 지금은 많은 아이들이 자신이 만들어낸 세상을 상상할 수 없어서, 다른 사람들이 상상한 내용을 그저 소비하는 것으로 대체합니다.

온갖 달콤한 것들을 잔뜩 발라놓은 감각적인 영상을 엄청나게 소비하면서도 자신의 생각은 사라져 상상력의 저수지는 말라버리고 맙니다. 독창적인 상상력이라는 인간의 고유한 특징이 사라지면서 상상하지 않아도 되도록 맞춤, 창작의 개성이 없는 복제와 모방만 잔뜩 소비됩니다.

갈수록 사람을
만나기 힘들어진다

한없이 축소된 세상

아이들이 의미 있는 타인을 만나는 활동, 세계가 연결되는 활동이 현저히 줄어들었습니다. 여행, 독서, 만남도 줄어든 세상에서 아이들은 셀피로 가득찬 자기 사진첩만 계속 들여다보고 있습니다. 어른이라곤 부모와 학교 선생님, 학원 선생님뿐입니다. 아이들의 세계는 정말 한없이 축소되어 있습니다.

그래서 본인과 비슷한 친구, 그리고 그 친구의 친구들로 이루어진 유유상종의 아이들은 어쩌면 타인이라기보다는 자신의 복제판일 수도 있습니다.

의미 있는 타인이 없으면 발견도 없고 사랑도 없습니다. 행복도 없습니다. 사실 의미 있는 타자가 없는 삶은 죽은 삶과 같습니다. 그 삶을 살아내려고 하니 하루하루 고역일 수밖에 없습니다. 감동도 흥분도 없이 자신을 치장하고 자신의 인기에 연연하는 삶을 살아가야 합니다. 우리 아이들에게 타인은 잊혀지거나 추방되고 있는 존재들입니다.

거창하고 추상적인 타인 이야기가 아니더라도, 우리 아이들을 알아주고 관계를 맺는 타인들의 존재도 현저히 줄어들었습니다.

문방구 아저씨가 우리를 알았는데 학교 앞 문방구가 문을 거의 닫았으며, 떡볶이집 아줌마도 친했는데, 대기업형 체인들이 아줌마를 내쫓았습니다. 만화책과 문제집을 사던 책방도 사라져서 책방 아저씨도 사라졌습니다. 동네 빵집도 사라지고, 구멍가게도 사라지고, 고깃집도 사라졌습니다. 동네 가게도 다 사라졌고 대자본의 점포형 편의점만 남았습니다.

아이들에게 무관심한 아르바이트생 관계에 대한 의욕 자체가 없습니다. 그는 타인도 아닙니다. 부동산 가격 상승, 임대료 상승, 젠트리피케이션 등 여러 이유로 일상생활의 소소한 가게들과 그 주인들은 사라지고 이제 대기업과 프랜차이즈 상점의 아르바이트생들로 가득 찬 상태입니다. 우리를 알아봐줄 사람이 없습니다. 타인이 없는 사회에서 살고 있습니다.

환상화된 타자들과 혼자 있기

아이들의 세계에 의미 있는 타자들이 사라지고 있습니다. 만일 우리 아이들에게 타자가 있다면 아마 그들이 닮고 싶어 하는 슈퍼스타들일 것입니다. 그 허황된 타자의 공허 또한 아이들이 감당해야 할 추후의 몫입니다.

아이들은 의미 있는 타자가 없는 세상에서 자신을 지켜내는 것에 큰 두려움을 갖고 있습니다. 그러다 보니 익명의 것들을 찾기도 하고 게임 속에서 타자를 찾기도 합니다. 그러면서 환상화된 타자를 찾기 시작합니다. 달콤한 타자들을 찾는 것입니다. 그래서 결국 아이들은 중독됩니다.

중독은 신나고 행복한 과정이 절대로 아닙니다. 단지 고통을 덜 느끼도록 하는 기능입니다. 쾌락 속의 환상화된 타자, 안전하기 위하여 멀리 있는 타자, 또 언제든지 관계를 끊을 수 있는 타자, 이런 타자들로 가득한 세상에서 아이들은 자랍니다. 그러므로 다른 사람의 말을 듣기란 참 어렵습니다.

아이들에게 존경하는 현실의 인물, 동네 사람들은 사라졌습니다. 아이들이 좋아하는 닮고 싶은 타인들은 모두 텔레비전과 휴대전화 안에 있는 사람들입니다.

아이들은 한 번도 본 적이 없고 만나본 적도 없는 사람들에게 의존하기도 합니다. 존경을 표할 만한 타인이 없는 유아독존, 자신만의 세상에서 결국 자신에게 집착해서 아름다운 몸매를 위해 거식증에 걸리거나, 완벽하게 상처받지 않는 숨은 덕후가 돼서 지냅니다. 은둔하면서 자신과만 지내는 것입니다. 결국 타인 없는 세상의 다른 단면은 홀로 지내는 것입니다.

결국 '혼자 있기'가 아이들의 미래입니다. 그 텅 빔을 견디기 위해 아이들의 세계에는 자신들로 가득 차 있습니다. 타인을 만날 기회를 박탈당한 현대인들의 삶처럼, 아이들은 자기 계발, 자기 위로, 자기 자존감을 확보하기 위한 온갖 책들로 자기에게 집착하며 살아갑니다.

우리들은 화난다

우리는 화가 난다.

왜냐면

의미를 달라는 우리들에게

밥 이야기하는 어른들 때문에

존재를 알아달라는 우리들에게

성적표를 가져오라는 어른들 때문에

외롭다는 우리들에게

휴대전화만 빼앗으면 된다고 생각하는 어른들 때문에

힘들어 죽겠다는 우리들에게

진짜 힘든 것은 그런 것이 아니라는 어른들 때문에

더 화나는 것은

우리들에게 시켜먹고, 팔아먹고, 해쳐먹은 것은

모두 어른들인데

늘 압수, 금지, 중단, 벌점을 먹이는 것도

어른들이라는 것

더욱더 화나는 것은

미래를 살아갈 사람은 우리인데

어른들의 돈벌이, 자리 보존 때문에

우리의 미래를 망쳐놓기 때문에

내일이 없다는 우리들에게

내일을 더더욱 사라지게 하는 어른들 때문에

정말 더 화나는 것은

마치 지금 이렇게 사는 것이

자신들이 만든 천국인 것처럼 이야기하면서

얼마나 사는 것이 나아졌는지를 설명할 때

여전히 여기는 전쟁터나 다를 바 없다는 것을 모른 채

최선을 다하지 않는 우리 모습에 실망한다고 말할 때

그런 어른들이 조금은 줄어들 줄 알았는데

여전히 줄지 않아서 화가 난다.

자신 스스로에게 풀어야 할 화를

우리들에게 줄곧 내고 있는

어른답지 않은 어른들 때문에

화가 더 난다.

7장

아이를 이해하고 지지하는
마음의 점화술

"성숙한 성인은 청소년을 대할 때
자신의 성숙을 믿는다.
그리고 청소년도 믿는다."

— 도널드 위니캇

마음의
만남부터
시작하세요

"함께할 게 없어요"

요즘 아이들은 TV도 제대로 보지 못합니다. 대부분 초저녁에는 학원에 가서 생활하기 때문입니다. 그리고 신문을 보는 청소년이나 청년은 거의 없습니다. 인터넷을 통해서 소식을 골라 듣거나 주요 포털 사이트를 통해 걸러진 뉴스만 보고 만다고 합니다.

TV를 주로 시청하는 세대도, 종이 신문을 받아 보는 사람들도 주로 50대 이상이라고 합니다. TV와 종이 신문은 이제 죽어가는 미디어라는 이야기들을 하곤 합니다.

그러다 보니 놀이도 변변치 않은 우리 문화 안에서 확대가족들끼리 다 모여 함께 웃고 떠드는 일들이 줄어가고 있습니다. 명절이라고 함께 모여도 모두 각자 스마트폰을 쳐다보고 있는 경우가 허다합니다.

어느 날 제 은사이기도 한 원로 교수님을 엘리베이터에서 만났습니다. 은사님은 아주 속상한 일이 있다고 했습니다. 무슨 일인지 이야기해 달라고 했더니 명절에 다녀간 손주를 크게 혼낸 이야기를 들려주었습니다.

"아니, 명절이라고 할아버지 집에 와서 손주녀석이 하는 거라고는 스마트폰 보는 일뿐이야. 그래서 할아버지랑 TV도 같이 보고 같이 윷놀이도 하자니까, 아이가 재미없어서 못하겠다는 거야. 그래서 화가 나서 스마트폰만 보고 있을 거면 할아버지 집에 뭣 하러 왔냐고 하면서 성질을 냈지. 그렇게 스마트폰만 계속 볼 거면 다음부터는 오지도 말라고 했어. 아, 내가 조금 성질을 죽였어야 했는데, 김 교수, 애들 스마트폰 좀 안 하게 하는 방법은 없어?"

속상한 마음이 가득 담긴 이 질문을 받고, 노교수님이 참 안쓰러웠습니다. 요즘 아이들은 간혹 조부모와의 대화도 어려워합니다. 특히 이제 막 사춘기에 접어든 아이들 가운데 조부모들과의 전형적인 문답이 아주 싫다고 하는 아이들도 있습니다.

어떤 아이가 할아버지가 하는 기분 나쁜(재수 없는) 이야기 3종 세트가 있다고 전해주었습니다.

- 첫 번째: 오랜만에 만나 앉자마자 할아버지 할머니가 하는 거의 첫마디가 "공부는 잘 하냐?"라는 기분 나쁜 이야기다.
- 두 번째: "아버지, 어머니 말씀 잘 들어라"라는 이야기다. 바로 내 편이 아니라는 것을 증명하는 이야기다.
- 세 번째: 그래서 정말 기분이 나쁜 채로 있다가 집으로 돌아가려고

나가는데, 다시 한 번 재수 없는 이야기를 한다. "열심히 해서 유명한 사람 되라" "열심히 해서 훌륭한 사람 되거라" "가문을 빛내는 사람이 되거라" 하는 이야기들이다.

요즘 아이들은 할아버지와 천하장사 씨름대회를 시청한다든지, 전국 노래자랑을 보는 것을 힘들어합니다. 할아버지 눈에는 너무도 화려한 씨름 발기술이 아이들에게는 장난처럼 여겨집니다. 마블 시리즈의 영웅들이 펼치는 초능력에도 놀라지 않는 아이들이기 때문입니다.

함께 볼 프로그램이 사라지고, 이야기 나눌 주제도 사라져 가는 가운데 세대가 통합되기 어려운 순간들이 자주 나타납니다. 어떻게 해야 세대가 소통하고, 이전 세대의 문화를 새로운 세대에게 잘 전수하고 계승할 수 있을까요?

"재미가 없으면 견딜 수 없어요"

아이들이 무엇을 하고자 하는 동기가 확실히 달라졌습니다. 그 중에서 가장 두드러진 것은 재미에 대한 태도입니다. 재미가 없는 일에는 관심도 주지 않습니다. 학기 초 어느 날 제가 상담하는 초등학교 고학년 아이가 와서 한 이야기입니다.

"선생님, 저 죽었어요. 이번 담임은 정말 끔찍해요. 학교에서 가장 재미없고 진지하기만 한 '진지충' 선생님이 담임이 되었어요. 어떻게 1년 동안 살아야 할지 걱정이에요. 벌써부터 숨이 막혀요. 작년에 담임이었던 아이들도 엄청나게 힘들었대요. 학교가 나오기 싫을 정도였대요. 한 번도 웃기는 이야기를 안 하고, 재미있게 수업도 못 하고, 그러면서 아이들에게 수업시간에 제일 많이 하는 첫 마디가 무엇인 줄 아세요?"

"무슨 이야기로 시작하시는데?"

"그건 우리들이 제일 싫어하는 말이기도 한데, 아이들이 제일 싫어하는 피자가 뭔지 아시지요?"

"책 피자?"

"네, 크크."

그러면서 아이는 신나는 듯이 말을 이어갔습니다. 자기네들은 무서운 선생님도 괜찮다고 합니다. 어떤 경우에 괜찮냐면 무섭긴 하지만 간혹 생각도 못한 웃기는 이야기를 해줄 경우라고 합니다. 그러면 공포스럽던 시간들이 그 다음부터 스릴에 가득 찬 시간으로 바뀐다고 합니다. 언제 선생님이 웃긴 이야기를 할까 조마조마하면서 수업을 기다린답니다.

아이의 이야기를 들으면서 요즘 선생님들이 참으로 쉽지 않겠다는 생각이 들었습니다.

"이제 와서 무슨 대화?"

고3이 되면서 너무 힘들고 부담스럽다고 하는 아이가 찾아왔습니다. 몇 번의 외래 진료와 심리검사, 부모 상담 후에 50분 면담을 집중적으로 4회 하기로 했습니다. 그랬더니 아이가 이야기를 하고 싶기는 하지만 부담스럽다고 하면서 말했습니다.

"지금껏 살아오면서 수업시간에 앉아 있는 것을 빼놓고 누군가와 그렇게 길게 이야기해 본 적이 없어요. 많이 불편할 것 같아요."

고3 올라올 때까지 한 시간 가깝게 누군가와 이야기를 해본 적이 전혀 없다고 하였습니다. 그간 함께 길게 이야기한 선생님도 없었고, 상담가는 더욱 없었으며, 부모 말고 다른 어른이나 학원 선생님과도 길게 이야기를 나눈 적이 없었다고 합니다.

학교에서 우수하지도 않았지만 문제아도 아니어서 선생님들의 눈에 띄는 일도 거의 없었기에 더욱 대화할 기회도 없었다고 합니다. 선생님들이 생각하기에 잘하는 아이 다섯 명, 잘못하는 아이 다섯 명은 여러 방면으로 관심을 받아 방과후에 남기도 하고, 따로 선생님과 만나기도 하는 것 같은데, 본인은 그 열 명 안에 들어본 적이 없다고 합니다. 늘 보일 듯 안 보이고, 안 보이는 듯하지만 거기에 있는 그런 존재로 지내왔던 것입니다.

또다른 아이들과는 남의 이야기, 스포츠 이야기, 가끔 시사 이야기나 세상 돌아가는 이야기를 했을 뿐, 누군가와 자기 이야기를 한 적은 거의 없다고 합니다. 그래서 마음에 대해서도 마음을 나누는 것에 대해서도 자신에 대해서도 자신의 영혼에 대해서도 무엇을 어떻게 이야기해야 할지 모르겠다고 합니다.

힘든 일이 있을 때는 그냥 잊기 위해 애쓰고 살았고, 부모나 선생님은 언제나 바빠 보여서 이야기를 꺼내기가 힘들었다고 합니다. 남에게 이해받을 생각도 해보지 않았고, 남을 깊이 이해할 생각은 더더욱 해보지 않았다고 합니다.

그렇다고 특별한 문제가 있지는 않았는데, 고3 올라오면서 심리적 압박이 큰 뒤로는 가끔 숨이 막히고 머리도 아프고 여기저기 통증이 있는 듯하고 답답해졌답니다. 그래서 가정의학과도 가보고 내과도 가보았는데, 특별히 병명이 없고, 정신과에 가보라고 해서 왔다는 이야기를 무미건조하게 하였습니다.

아이는 마치 마음속이 텅 빈 아이 같았습니다. 본인의 최근 증상에 대해서 당황스러워하는 것처럼 보였습니다. 마음의 문제라는 것을 받아들이기 힘들어하였습니다.

아이는 마음을 차단하거나 절연하고 사는 것처럼 보이기도 하였습니다. 자신은 누군가에게 중요한 사람이 되어본 적도 없고 누군가와 깊은 감정교류도 해본 적이 없었으며 부모가 시키는 것을 속 썩이지 않으며 해왔고 특별히 반항한 적도 없었다고 합니다.

기대만큼 잘하지 못해 많이 혼났지만 그렇다고 그 화로 인해 나쁜 행동을 하지도 않았습니다. 그냥 별 생각 없이 맹물처럼 살아왔다고 합니다. 하지만 아이는 자신의 마음에서 일어나는 일에 관심 갖기를 크게 원하지 않았습니다.

너덧 번의 만남이 있은 뒤 아이는 대화를 거부했습니다. 그리고 불안에 관한 약을 써서 조금 호전되고 나니 아예 오지 않았습니다. 어머니가 와서 오직 '불안'이라는 회로가 고장나서 그 부속품을 고쳐야 하는 기계인간에게 줄 약을 타듯이 가져갔습니다. 아니면 요즘 유행하는 말로 가축 사육과 비슷하게 가축이 병들어서 먹일 약을 사 가듯이 가져갔다고 해야 할까요?

어머니가 전해주길, 아이가 그랬다고 합니다.

"이제 와서 무슨 대화를 하자는 건지…… 차라리 혼나고 맞는 것이 낫지……."

한참을 지나서 이번에는 아이가 직접 찾아와서 다시 만나게 되었습니다. 부모의 반협박, 반강요 속에 '인서울'에 해당되는 학교 원서를 쓰고 있는데, 속이 터질 것 같다고 합니다. 숨이 차고 가슴이 부풀어 올라서 더 이상 공부를 못하겠다고 합니다. 그래서 다시 가슴에 대한 내과 검사부터 시작해서 다시 큰 병원에 가서 검진을 받을 수 있도록 도와달라고 하였습니다.

의사로서 여러 가지를 고심했습니다. 분명 큰 이상이 없긴 할 텐데, 아이는 자기도 의식하지 못한 채로 질병 뒤로 숨고 싶어 하는 마음이 드는 것일 텐데 말입니다. 그렇지만 과정과 단계가 필요하다는 생각이 들었습니다. 부모님과 상의하여, 이번이 마지막으로 생각하고 다시 한 번 내과에 다녀오라고 했습니다. 그 순간, 아이가 제게 고맙다는 인사를 할 때, '아이도 알고 있구나' 하고 눈치챘습니다.

말로 못하는 것을 몸으로 하고 있는 아이였습니다. 자기 마음을 말하기 어려워하는 이 아이가 이렇게 된 이유는 무엇일까요?

세대 간 차이를
이해해 주세요

아이들의 호소 다섯 가지

아이들이 실제로 느끼고 살아가는 현실을 어른들이 이해하려고 애써야만 아이들의 세계를 알 수 있습니다. 그리고 아이들의 세계를 잘 알아야 비로소 공감할 수 있습니다. 어른들이 먼저 이해하려고 애쓰는 것은 당연합니다. 우리가 어른이기 때문입니다.

아이들은 예전 어른들과는 다른 고생을 겪고 있고 다른 일들로 힘들어하고 있습니다. 시대의 격차와 다른 내용의 아픔이 때로는 우리를 단절시키기도 합니다. 이해하기 어렵기 때문입니다.

그 차이를 오해하기 시작하면 우리의 관계는 더욱 깊이 단절되고, 서로 분노로 대응하며, 더 힘들고 고통스런 나락으로 떨어질 것입니다. 단절된 세대, 대립된 세대 간의 갈등으로 인하여 아픔이 더 커질 것입니다. 그리고 어른들의 강력한 힘으로 아이들을 더 정서적으로 궁핍하고 척박하게 만들 것입니다.

실제로 이런 갈등은 정도의 차이는 있지만 집집마다 조금씩 있어왔습니다. 슬기롭게 극복하는 가정도 있고 파국으로 가면서 정신적 외상을 남기는 가정도 있습니다. 원래 서로를 근본적으로 미워해서 시작된 것이 아니라 세대 간의 차이를 이해하지 못해 생긴 일입니다. 서로에 대한 주장이 가족 내 상처, 직장 내 상처, 혹은 시대적 상처가 될 수도 있습니다.

그러므로 우리 어른들에게는 새로운 세대를 이해하고자 하는 노력이 우선입니다. 아이들과 만나 이해하고자 할 때 알아두어야 할 다섯 가지 호소를 소개합니다.

"마음 둘 곳이 없어요!"

이생망과 포기, 그리고 상실의 아픔에 대한 분노와 울분 속에서 말 안 통하는 어른들과 지내는 아이들은 모두 마음을 둘 곳이 없어서 힘들어합니다. 자신이 부모에게 준 실망과 더불어 본인들이 부모 때문에 겪은 실망으로 인해 집에서도 마음이 편치 않고 학교에서도 마음이 편치 않다고 합니다. 이런 순간에 형제나 친구가 없다면 자신의 마음은 정처 없이 떠돌 것이라고 합니다.

하지만 때로는 청소년기 고유의 우울감이나 갑작스런 슬픔이 찾아오면 정말 마음을 처리하기가 너무 힘들 때가 있다고 합니다. 자신의 마음을 잘 알아주는 사람들, 마음을 편안하게 해줄 사람들이 더 가까이 더 많이 있으면 좋겠지만 그런 사람들이 없다는 것이 힘들다고 말합니다. 그래서 게임이나 채팅, 소셜 미디어를 통해서 헤맵니다. 자신을 이해해줄 따뜻한 누군가를 찾기 위해서지요.

그런 이유로 전보다 연애를 더 빨리 하는 경향도 있다고 합니다. 많은 아이들이 초등학교 고학년부터 중학생 시기에 연애를 시작합니다. 그리고 그런 능력을 전보다 더 중요하게 여깁니다. 이때부터 연애를 못하고 혼자 지내기 시작하면 아이들은 '모태솔로'라고 놀리거나 걱정하기 시작합니다.

어른들이 보기에 한없이 편안해진 사회라고 생각할지 모르겠지만 여러 이유로 아이들의 마음은 편안하지가 않습니다. 불편한 마음을 어디다 두어야 할지 모르는 아이들이 많습니다.

"내일은 과연 오늘보다 더 나을까요?"

아이들의 하루하루는 생각보다 힘듭니다. 이른 아침부터 등교하여 6~8교시를 공부하고 집에 왔다가, 학원으로 다시 등원하여 저녁 8시에서 12시 사이에 집에 돌아옵니다. 바로 귀가하는 경우도 있고, 친구를 만나기도 하고, 편의점에서 간식 혹은 주식을 먹고 들어가기도 합니다. 그래서 다시 부모에게 점검을 받고 잠자리에 듭니다.

학교에서는 수행평가가 있고, 학원에서는 쪽지시험부터 해서 여러 시험을 치릅니다. 매일이 평가받는 날이고 그 평가에 따라 선생님, 부모님에게 욕을 먹어야 하고 친구들의 눈치도 봐야 합니다.

이런 피곤한 나날들이 계속되면서, 이런 과정을 잘 치러야 성공할 수 있습니다. 그것도 엄청난 인내심과 자제력을 동원해서 수행해야만 아주 소수가 성공할 수 있는 과정입니다. 좋은 대학에 가서도 이 과정을 또 반복해야 합니다.

아주 어린 시기부터 청년기까지 오랜 시간을 이렇게 보내야 하는데, 과연 내일이 오늘보다 더 나을까요? 이렇게 생고생을 해서 대학을 졸업해도 좋은 직장에 취직하기는 어렵고, 첫 월급은 쥐꼬리만 합니다. 독립적으로는 부모가 제공했던 좋은 집, 해외여행 같은 생활은 어렵다고 합니다.

그런 아이들에게 확실히 앞으로의 내일이 오늘보다 더 나을 것이란 소식이 들려오지 않습니다. 그래서 아이들은 가끔은 오늘로 모든 것을 끝내고 싶어지기도 합니다. 그러면서 두 가지 질문을 자신에게 흔히 던진다고 합니다. '이 의미 없는 경쟁을 계속 해야 한단 말인가?' '이런 힘든 삶을 사는 것이 무슨 의미가 있단 말인가?'

아이들은 스스로의 미래를 낙관적이고 긍정적으로 보는 일에 익숙하지 않습니다. 오히려 어른들이 더 낙관적이고 긍정적인 경우가 흔합니다. 그것은 최근 우리 시대의 전개가 아이들에게 준 영향 때문입니다.

"그냥 학년에 맞게 공부하면 안 되나요?"

"내가 유치원생인데, 초등학교 3학년 수학을 해야 해?" "내가 초등학생인데 중학 수학을 왜 마쳐야 하지요?" "내가 초등학생인데 고등 수학을 왜 건드리지요?" "내가 초등학생인데 고등 영어의 단어를 왜 외어야 하나요?"

아이들이 혼나가면서 이런 질문을 하고 결국 또 혼이 납니다. 많은 아이들이 이런 불균형으로 인하여 혼란스러워합니다. 몸은 초등학생인데 일부 지식은 중학생이고 사람들을 대하는 태도는 유치원생 수준인 아이들도 있습니다. 반면 몸은 중학생인데 머리에 들어 있는 지식은 초등학생 수준이고 성에 대한 지식은 성인 이상인 아이들도 있습니다.

많은 아이들이 정상적인 발달 단계를 뛰어넘어 앞서가거나 혹은 여러 발달의 균형이 기울어져 문제가 됩니다. 여기에다 스마트폰 보급 이후 아이들도 성인물을 더 쉽게 보게 되면서, 몸은 아이인데 머리에서의 성적 자극은 성인 수준으로 받은 경우도 있습니다.

우리는 모든 일을 적기에 하면 남들보다 뒤떨어진다고 하는 이상한 상태로 살아가고 있습니다. 아이들이 자신의 삶에 부여된 속도, 과업에 대해 전보다 훨씬 더 균형 잡기 어려워하면서 정서적 그늘이나 분노의 축적이 일어납니다. 이런 일들이 아이들에게는 정신적으로 피곤하고 고생스럽고 울분이 쌓이는 일들입니다.

아이들의 학습 노동은 거의 학대 수준에 이른다고 봐도 과언이 아닐 정도로 심합니다. 그래서 아이들은 행복하지도 않을뿐더러 더 피곤한 삶 속에서 마음고생을 하고 있습니다.

"다 포기하고 싶어요"

고등 수학을 막 시작한 초등학교 6학년 여학생이 와서 했던 말이 놀라웠습니다.

"선생님, 그냥 다 포기하고 싶어요. 사는 게 사는 게 아니에요. 곧 포기할 거예요. 엄마한테는 말하지 마세요. 그냥 아프다고만 하세요."

아이들은 포기의 공식을 세워놓은 경우가 많았습니다.

포기하는 시기도 빨라지고 포기하는 순간도 많아졌는데, 그 이유는 주변의 시선과 평판, 그리고 부담들 때문입니다. 잘 하기 위해 애쓰면서 겪는 마음고생의 피곤함도 포기를 부추깁니다.

중학교를 마치고 고등학교를 진학하는 순간이면 아이들은 이미 포기의 달인이 되어 있습니다. 포기, 체념, 항복, 패배를 모르는 어른들의 입장에서는 기가 막힐 노릇이 이 포기와 체념, 단념의 분위기, 문화들입니다. 개척정신과 불굴의 정신력을 가진 어른 세대들에 비하면 아이들은 너무 빨리 포기한다고 느껴지기 때문입니다.

포기의 공식	
잘한다는 기분이 들지 않으면 포기한다 나보다 잘하는 아이들이 많으면 포기한다 잘하는 것이 너무 힘들면 포기한다 몇 번 해봐서 실패하면 포기한다	
초4 첫 반항, 첫 실망 첫 포기 (누구나 그렇듯이 수학부터) 첫 괴로움 인생의 주인공 단념	중2 아이돌 꿈 포기 공부 포기 부모 포기 갱년기 부모와의 수많은 괴로움 부모의 사랑 단념
고1 학교 포기, 학교 이제는 안녕 학교 포기, 이럴 줄은 몰랐다 내 삶은 어디에 있나? 사회 진출에 대한 단념	고3 너무 아프다 너무 불안하다 나는 어른 되기 두렵다 어른 되기 단념

"우리도 최선을 다하고 있다고요!"

요즘 아이들을 이해하는 과정에서 가장 부딪히는 부분이 있습니다. 그것은 부모나 선생님들이 자신의 기준으로 아이들을 평가절하하는 것입니다. 이전 부모 세대들의 기적을 만들어 왔던 잠재성으로 아이들을 평가하다 보니, 아이들의 최선이 만족스럽지 않습니다.

표에 기술한 기성세대와 요즘 세대의 차이는 시대의 차이일 수도 삶의 성향 차이일 수도 있습니다. 하지만 대체로 시대의 차이라고 보는 것이 타당할 것 같습니다.

빈곤한 시대의 고도성장 시기는 최선을 다해 힘들여서 노력하고 도전하면 이루어지는 시기였습니다. 노력과 도전에 따른 보상이 있었기에

	부모 세대	요즘 세대
최선을 다 한다	죽기 살기로 한다	할 수 있는 만큼을 한다
힘들어서 못하겠다	거의 탈진하기 직전에 하는 말이다	무리가 가거나 어려우면 할 수 있는 말이다
노력한다	노력해서 안 될 것은 없다	노력만으로 안 되는 것도 있다
도전한다	하면 된다 할 수 있다	도전할 것을 잘 정해야 한다 해도 안 되는 것이 많다
시험기간이다	모든 것을 중지한다	평상시 하던 것을 줄인다
쉰다	잠깐 쉰다	충분히 쉰다
더 잘할 수 있다	더 잘 해낼 수 있다	더 잘하긴 어렵다
만족한다	만족할 수 없다 아직 모자란다	이 정도면 이미 만족이다

성장이 가능했습니다. 그러나 풍요의 시대에 진입한 후 저성장, 격차, 양극화 사회에서의 노력에 대해서 수많은 회의론이 대두되었습니다. 노력의 배신에 관해서 이미 많은 매체에서 다루기도 하였습니다. 그런데 아이들에게 만일 이렇게 말한다면 어떨까요?

"너희들은 최선을 다하지 않았어! 그 대가를 반드시 치를 거야. 후회할 때면 이제 늦었을 거야. 누구를 탓하지 말고 본인이 고스란히 책임져야 할 거야."

아마 아이들은 이것을 따끔한 충고로 여기지 않을 것입니다. 어른들이 자기들 가슴에 못을 박았다고 하거나 저주에 가까운 말을 했다고 느낄 것입니다. 아이들은 억울하다고 느끼고 갑질을 당했다고 할 수도 있을 것입니다.

지금의 많은 아이들은 현재 실천하고 있는 것이 그들의 최선이라고 여기고, 애써 노력을 다하고 있는 것이라고 합니다. 이런 아이들에게 우리의 격려와 응원은 너무 부족하다고밖에 말할 수 없습니다.

"외로워요. 애정결핍이랍니다!"

심리검사를 하거나 면담한 후에 부모님들이 당황스러워하는 결과 중 하나가 아이가 외롭다고 호소하는 것입니다. 어떻게 더 사랑을 주어야 하냐는 반문과 함께 복에 겨워 애정결핍을 이야기한다고 생각합니다.

하지만 아마 아이들의 가장 많은 정서적 어려움 중에 하나가 외로움입니다. 형제도 없고, 가까운 친척도 없고, 자신이 편안하게 속을 털어놓을 사람이 없다는 아이들의 호소를 저는 흔히 듣고 있습니다.

그래서 아이들이 환상을 가지기도 합니다. 그런 사람이 어딘가에서 나타날 것 같은 환상을 지니고 살고, 그런 마음을 아이돌로 투사했다가, 배우로 투사했다가, 친구에게 투사하기도 합니다.

문제는 핵가족의 부모들이 본인들의 헌신적인 사랑으로 인하여 아이들에게 외로움이라는 감정이 틈탈 수 없다는 생각에서 주로 발생합니다. 그래서 부모가 아이들이 외로움을 느끼지 못하도록 사랑을 더 뜨겁게 달구어 주려고 하면 아이들은 더욱 멀리 도망갑니다.

'극핵가족'이라고 부를 수 있는 가족관계 하에서 친인척과의 만남 없이, 지지하는 체계의 부실화가 진행된 상태에서 많은 아이들은 일상적으로 외로움을 느낍니다. 그래서 연애도 더 빨리 시작하고 팬클럽, 게임 길드, 동호회 등에 더 많이 가입합니다.

현명한 부모들은 이 외로움을 잘 인식하고, 아이들 주변에 좋은 어른을 다양하게 포진시켜 아이가 그 어른들을 잘 이용할 수 있도록 돕습니다. 주변에 자신을 좋아하는 사람들이 많다는 사실은 외로움을 덜어줍니다. 그리고 애정결핍이라는 소리가 줄어듭니다.

하지만 근본적으로 아이들이 과거보다 더 외롭다고 느끼는 현실은 사실이고, 이를 사회적으로 극복하기에는 어려움이 큽니다. 우리의 이해가 필요한 부분이며, 서로 채워주려고 노력해야 합니다. 그러나 아이를 오해하고 시대의 한계를 무시한 채 부모의 사랑만으로 아이들이 외로움을 느끼지 않았으면 하고 바라는 것은 어리석은 일입니다.

이 시대의 아이들은 외롭습니다. 아이들 주변의 좋은 어른을 빨리 찾아보는 현명함을 발휘하는 것이 더 낫습니다.

호감과
관심으로
아이와 연결하세요

존재감을 인정받고 싶은 아이들

요즘 아이들은 과거에 비해 관계를 훨씬 더 중시합니다. 예전의 어른
세대들이 일, 성과, 생산물을 더 중요시했던 세대인 것에 비해 지금의
아이들은 관계, 과정, 평판과 인정이 더 중요한 세대입니다.

그 과정에서 '인정받는 것은 투쟁'이라는 말을 쓸 정도로 중요한 이슈
가 되고, 그 결과로 나타나는 인기와 평판은 과거 우리가 '명예'라고 여
기는 수준과 동등하거나 혹은 높은 가치를 지닙니다. 그런 점에서 관계,
애착, 유대의 입장에서 접근하기 힘든 어른들은 아이들을 대하는 것이
훨씬 더 힘들 수 있습니다.

그래서 아이들을 인정하고 아이들과 호감을 나누고 유대를 맺을 줄 아
는 것은 중요한 일입니다. 바로 그것은 아이들에게 희망을 주는 일입니다.

그런 점에서 아이들이 아주 실망하고 괴로워하는 것은 자신의 익명화, 무존재감입니다. 물론 여러 과정을 거쳐서 무기력해지면 오히려 익명화를 좋아하지만, 상처받기 전 단계에서 아이들은 자신이 어떤 어른의 구체적인 실명적 존재로 취급받는 것을 중요하게 여깁니다. 즉 구체적인 관계가 있다는 사실은 무언가를 시작할 수 있는 만남의 조건입니다.

사실 많은 아이들이 부모를 마음으로 서서히 떠나면서 다른 어른을 만나기를 고대합니다. 하지만 만날 어른이 없고, 또 아이들이 바라듯이 구체적으로 호감을 갖고 아이들에게 관심을 기울여주면서 만날 사람이 없습니다. 좋은 만남과 관계는 아이들에게 디딤돌이 되고 뚜렷한 희망을 갖는 길을 안내합니다.

안타깝게도 우리 아이들에게는 의미 있는 만남, 특히 어른들과의 진중한 만남은 아주 희귀한 경험이 되었습니다. 만남 없이 크는 세대가 된 것입니다.

온갖 기업형 서비스는 늘었지만, 일하는 어른과의 만남은 사라졌습니다. 지금 우리 사회는 더욱 그렇습니다. 그래서 아이들은 만남을 고대하지만 정작 만나게 되면 생경하기 때문에 긴장하고 예민하거나 방어하고 숨어버리는 경우도 많습니다.

그러나 제 경험으로는, 아이들은 하고 싶은 말이 많고 만남을 강렬히 바랍니다. 만남을 다시 시작하는 것이 아이들에게 희망을 갖도록 하는 중요한 창구가 될 것입니다. 아이들이 원하는 만남에 어떤 바람이 있는지를 소개합니다.

"우리들의 새로운 문화를 이해해 주세요"

십대의 문화, 언어, 스타일을 이해한다면 아이들을 조금 더 편안하게 만날 수 있을 것입니다. 십대의 문화에 대해 바꾸라고 한다면 아이들은 자신이 거부당했다고 생각할 수 있습니다.

구체적으로 십대의 문화 코드 중 무언가를 알고 있다면 할 이야기가 더 많겠지요. 좋아하지도 않는데 거짓으로 그럴 필요는 없습니다만, 십대 문화 중 호감이 있는 부분을 함께 이야기 나누면 좋을 것 같습니다.

그래야 재미있게 이야기를 나눌 수 있습니다. 십대의 문화를 조금이라도 알고 이야기한다는 것 자체가 호감을 만들고 또 말하기도 편해집니다. 아이들은 어른들이 노력했다고 여깁니다. 그런 태도로 다가가주세요.

"만남에 집중해 주세요"

아이들이 어른과의 만남에서 그동안 상처받는 이유는 어른들이 신중하지 않게, 바쁘게 지나가듯이, 형식을 무시하고 만나려 했기 때문입니다.

하던 일을 중단하고 아이에게 전적으로 집중해서 만나주세요. 마치 우주에 단 둘만 존재한다는 느낌으로, 온전히 아이에게만 관심을 쏟고 있다는 느낌으로 만나주세요. 엉터리로 만나고 있다는 사실, 무시하고 만난다는 느낌은 아이를 상당히 기분 상하게 합니다.

집에서 학교에서 당하는 기분 나쁜 일은 바로 바쁜 어른들에게 말할 기회를 마련하지 못하는 일입니다. 꼭 사건이 터지고, 상황을 돌이킬 수 없을 때 대화를 시작해야 하는 악순환이 계속되는 것이지요. 일이 생기지 않으면 대화의 만남을 갖지 않으니까요. 그때가 되면 무의미한 말싸움을 하는 것 같아 짜증이 납니다.

"왜 미리 말을 하지 않고 이런 일이 벌어지게 한 거야?" "그렇게 힘들거면 얘기하지 그랬어"라는 말은 아이들을 더 화나게 합니다.

더 화가 나는 것은 아이들은 말을 하고 충분히 전달했는데, 부모나 선생님, 어른들이 기억하지 못하는 것입니다. 자존심을 파괴하는 일이기도 합니다.

"존중하며 잘 들어주세요"

많은 어른들은 듣기를 힘들어합니다. 하지만 듣지 않게 되면 어른들의 자기중심적 생각을 아이들에게 훈계하는 일이 되기가 쉽습니다. 그러므로 아이들의 이야기를 그들의 입장에서 열심히 들어서 그들의 심정을 이해하고 스스로 이야기하도록 노력해 주세요. 그것이 아이들을 존중한다는 느낌을 강력하게 줍니다. 그래서 이야기를 더 잘하게 됩니다.

시대가 달라지고 사람이 작동하는 원리도 달라져서, 듣지 않으면 분간하기 어려운 이야기들이 많아졌습니다. 아이들 문화 안에서 어른들에게 친절하게 전달되지 않은 여러 문화가 있습니다. 아이들이 좋아하는 노래, 이야기, 비제이, 싫어하는 어른, 가수, 부모 유형을 모두 들어주세요. 그래야 아이들이 말할 수 있으니까요.

들으면서 이해되지 않는 것을 묻는 것은 괜찮습니다. 하지만 듣지도 않고 지레짐작으로 판단하고 이야기하지는 말아주세요. 상담의 기본이기도 하지만, 상담이 아니더라도 끝까지 듣지 않으면 상대방의 진의를 알 수 없는 경우가 많습니다. 이해하려는 노력이 곁들여진 경청이야말로 관계를 가깝게 하는 가장 큰 힘입니다.

"일단 한편이 되어주세요"

아이들 편이 되는 것은 쉽지 않습니다. 왜냐하면 아이들이 힘든 것은 어른들이 힘들었던 것과 다르니까요. 예를 들어 성적이 떨어지는 것은 힘들지 않지만 친구랑 떨어지는 것은 너무 힘든 일입니다.

어른 세대와 확연한 차이가 있는 것도 있고, 어떤 것은 같은 것도 있겠지요. 그런데 식사, 의복, 공부, 친구 문화 모두 많이 달라진 것은 사실입니다. 달라진 아이들 세대가 갖는 다른 방식의 힘듦에 대하여 이 책에서 이미 많은 이야기를 전했습니다. 이 다름을 이해하고, 그럴 수도 있다는 것을 인정하면서 아이들 편이 되어 생각해 주세요. 그래야 공감이 더 잘 일어날 테니까요.

가장 억울하고 화가 나는 것이 가장 가까운 어른, 아이들의 이야기를 들어준 어른이 상대방 입장에서 말하는 것입니다. 그때의 배신감은 사실 여부와 무관합니다. 또한 순서의 문제이기도 합니다. 일단 한편이 되어서 호응을 보여준 다음에 다른 입장을 생각해보는 것은 괜찮지만 처음부터 그렇게 말하지는 말아주세요.

"압박하거나 채근하지 마세요"

모두 듣고 나서 무엇을 해야 하거나 혹은 어떤 변화가 필요하다고 할 때, 채근하거나 압박하지 말고 여유 있게 이야기를 나누어주세요. 그리고 차근차근히 해나갈 수 있도록 도와주세요. 성급하게 바로 해결해야 할 것처럼, 아니면 큰일 날 것처럼 말하지 말아주세요.

당장 해야 할 것부터 천천히 해야 할 것까지 차분히 생각할 수 있도록 도와주고, 무엇을 당장 하지 않았다면 별 일 아닌 것처럼 이야기해 주세요. 호들갑이 가장 힘들고 짜증나는 반응 중 하나랍니다.

무엇보다 어른의 역할은 안정시키는 것이라는 것을 잊지 말아주세요. 불안하게 만들지 않고 안심, 안정할 수 있도록 도와주세요.

부정적이고 비관적인 입장은 익숙하니까, 어른들까지 그것을 보태줄 필요는 없답니다. 지나치게 과도한 것은 오글거리니까, 적당하게 낙관적이고 긍정적으로 이야기해 주세요.

"함께 도와줄 사람을 찾아주세요"

끝으로 아이들이 혼자 할 수 없는 일이 너무도 많으므로 대화의 주제에 따른 도움을 받기 위해 누구를 만나거나 누구의 도움을 더 받을 수 있는지 친절히 이야기해 주세요.

아이도 좋고, 다른 어른도 좋고, 또 도움 받을 팀이나 기관도 좋습니다. 자료를 찾아보는 것도 좋습니다. 마치 대화를 나눈 주제의 일에 관하여 아이 혼자 짊어지고 아주 멀리 가야만 그 일이 결말을 볼 수 있는 것처럼 이야기하는 것은 도움이 되지 않습니다. 그러면 안 하게 될 가능성이 높으니까요.

어렵지 않게 친구들의 도움으로 어떤 일이 잘 이루어질 수 있는 방향으로 이야기해 준다면 때로는 시키지 않아도 자발적으로 무언가를 해내는 힘을 발휘할 수도 있습니다.

의존적이라거나 독립적이지 않다고 말하거나 비난하지 말고, 또 힘들어져도 주변에 도와줄 사람이 많다고 안심시켜 주세요.

지적하지 말고
염원해 주세요

"어른들이 더 적응을 못하는 것 아닌가요?"

한 아이가 열변을 토합니다. 멋진 도전을 하며 사는 아이입니다.

"제가 부적응이 아니라 어른들이 부적응이라고요. 그저 공부로 살아가는 세상은 끝났어요. 선생님, 요즘 세상에서 부모들이 좋아하는 직업을 좋아하는 아이들은 정말 드물어요. 그런 직업들은 하기도 싫고 사라질 것이고 힘들고 재미없게 느껴져요. 정말로는 어른들도 재미없어하고 즐거워하지 않잖아요. 그렇지요?"

당당한 아이의 말 속에 무언가 깨달은 것이 있는 듯했습니다.

"우리가 원하는 일, 좋아하는 일은 어른들이 권하는 것과 다른데, 그리고 미래는 그렇게 펼쳐지지 않는데, 부모님과 학교에서는 엉뚱한 것만 가르쳐요. 가끔 지금의 진로교육은 바보 같은 교육이라는 생각이들 때가 있어요. 어른들이나 선생님들이 좋아하는 교육일 뿐이에요. 아이들과는 아주 다른 생각을 하고 있는 거지요. 아이들의 관심은 주로 이런 거예요.

- 어떻게 화장품, 패션 쇼핑몰을 할 수 있을까?
- 어떻게 요리, 맛있는 것, 달달한 것을 잘 만들 수 있을까?
- 어떻게 인기 BJ나 크리에이터가 될 수 있을까?
- 어떻게 파워 블로거가 될 수 있을까?
- 어떻게 사람 안 만나고 편히 살 수 있을까?
- 어떻게 애플리케이션 기가 막힌 것 하나 히트 칠 수 있을까?
- 어떻게 일 안 하고 놀고먹고 살 수 있을까?
- 노래하면서 세계일주하고 쉬었다가 또 세계일주하고 그러면 안 되나?

최소한 겉으로는 이렇게 살고 싶어 하는 아이들에게 학교 수업이란 정말 그냥 딴소리예요. 수업을 어떻게 잘할까 그런 거 연구하지 말고, 어떻게 아이들의 마음을 좀 알까, 그런 거를 조금 연구해 주세요."

아이는 자신이 하고 있는 쇼핑몰이 잘 돌아가는 것에 큰 자부심을 느끼고 있었습니다. 고양된 감정으로 이렇게 말하면서 마음이 답답하다고 했습니다. 친구들과 학교, 그리고 자신의 삶이 아직도 조금은 갇혀 있는 것 같아 여전히 답답하다고 합니다. 그리고 재차 강조합니다. 자신들이 원하는 것이 무엇인지를 잘 알아달라고 합니다.

"비웃지 말고 격려해 주세요"

아이들이 어른들에게 자신의 속마음을 말하고 싶지 않은 이유는 여러 가지가 있을 것입니다. 그 중에 하나는 말을 하고 난 이후에 당하는 조롱, 멸시 그리고 야유 때문입니다.

우리는 아이들이 어떤 직업을 갖고 싶다거나 무엇이 되고 싶다고 할 때 아이에게 굉장히 무리한 조건을 요구하는 경우가 많습니다. 예를 들어 경찰이 되려면 어떻게 해야 할까요? 적지 않은 어른들이 경찰대학교에 가야 한다고 합니다. 하지만 현실적으로 전체 경찰 중 경찰대학 출신은 소수입니다.

거기서 한걸음 더 나아가 아이를 조롱하는 경우도 많다고 합니다.

"경찰이 되기 전에 범죄자나 되지 말아라."

"너 같은 아이가 경찰이 되면 경찰이 다 부패하는 거 아냐."

결국 아이는 말을 꺼낸 것을 후회하고 맙니다.

의사가 된다고 하면 어떻게 말할까요? 의사가 되고 싶은 마음이 어떻게 생겼느냐를 묻기 전에 성적부터 묻습니다. 그래서 성적이 최상급이 아니면 성적부터 올려야 한다고 주눅 들게 합니다.

우리에게 있는 묘한 속성 중 하나가 아이들이 꿈과 희망을 말하면 그것이 그대로 이루어지기를 염원해 주는 것이 아니라 그 꿈을 이루기 위해서 얼마나 고생을 해야 하는지를 입증하려고 하는 것입니다. 아마도 현실이 냉혹하고 주제 파악을 잘 해야 한다는 어른들의 시각에서 말하는 것이겠지만, 그 내용과 태도가 아이들에게 상처가 되기 쉽습니다. 그래서 아이들은 어른들과 점차 상의하기를 꺼려합니다.

아이들에게 약인 것들	아이들에게 독인 것들
만남이 약이다	욕심이 독이다
관계가 약이다	회피가 독이다
이해가 약이다	비교와 무지가 독이다
따뜻함이 약이다	뜨거움도 차가움도 독이다
관용과 용서가 약이다	연구하지 않는 것이 문제다
	이해하지 않으려고 하는 것이 문제다

또 어른들은 최근 새로 생긴 직업이나 전통적인 직업 분야에 속하지 않는 진로에 대해서는 잘 알지도 못합니다. 그리고 그 직업을 통한 사회적 기여에 대해 묻지 않고, 꼭 수입과 사회적 지위, 그 직업의 부정적 측면을 지적해서 아이들의 사기를 꺾어놓는 경우가 많습니다.

그런 점에서 희망을 가지고 아이들과 어른들이 협력하여 무언가를 이루려고 한다면 어른들이 달라져야 합니다. 격려하고 응원하고 아이들의 소망이 이루어지도록 함께 염원하는 훈련이 더 필요한 어른들이 많습니다.

어른들이 다양한 길을 많이 알고 있는 것이 중요하고, 오랜 시간이 걸리더라도 아이가 갖고 있는 꿈을 이루는 것을 함께 기원하는 것도 필요합니다.

어떤 아이가 의대를 가서 의사가 되고 싶어 했고, 결국 그 아이는 의사가 되었습니다. 고등학교를 졸업하고 7년이 지나서야 진학해서 늦깎이 의대생이 되긴 했습니다. 주변에서 그 아이를 응원해 준 사람은 많지 않았습니다. 매우 서럽게 의대 입학을 위한 공부를 해야 했습니다. 다행히 더 많은 나이가 되기 전에 합격을 했고, 지금은 아주 훌륭한 전공의가 되어 보람차게 전문의를 준비하고 있습니다.

작은 뜻이든 큰 뜻이든 아이들이 찾은 꿈을 소중하게 대하고 그 꿈을 찾아가는 길이 가시밭길이 되지 않도록 격려하고 응원해 주는 것은 그 아이의 마음을 덜 상처받게 하는 것입니다. 그래서 당부드리고 싶은 이야기가 있습니다.

만일 어떤 아이가 경찰이 되고 싶다고 했을 때, 그 아이에게 그 전에 범죄자가 되지 말라고 한다든지, 게임 개발자가 되고 싶다는 아이에게 중독자가 먼저 될 것이라든지, 화가가 되고 싶다는 아이에게 낙서해서 걸리지나 말라는 식의 발언은 모욕입니다. 그 모욕으로 인해 아이들은 어른들과 자신의 미래를 상의하는 일을 중단할 수 있다는 것을 꼭 기억해 주세요.

아이의 긍정성을
발견해 주세요

아이들 꿈에 관해 들을 때

이 시대의 분위기 속에서 중학교, 고등학교 학생들이 자신에게 꿈이 생겼다고 하는 일은 특별한 일입니다. 사실 시대 분위기와 무관하게 한 사람에게 그가 평생에 걸쳐 무언가 기여하고 싶거나, 재미있어서 하고 싶거나, 재능이 있어 자신의 재능을 발휘해 보고 싶은 마음이 생겼다는 것은 우주의 기운이 통했다고 말할 정도로 의미 있는 일입니다.

단지 직업을 정하게 되었다는 것과는 아주 다른 차원의 일입니다. 부모가 정해준 것도 아니고, 물려받아야 할 일도 아니고, 본인이 이런저런 고민 끝에 꿈이 생겼다고 하면 정말 축하받아야 하는 일이기도 합니다.

그래서 아이가 하고 싶은 일이 생겼다, 꿈이 생겼다고 말하면, 어른들은 예민하고 섬세한 반응을 해주어야 합니다. 그래서 그런 대화를 하게 되는 순간, 그런 발언을 들은 순간을 마주했다면 하고 있던 모든 일을 중단해야 합니다.

그런 뒤, 아주 집중해서 함께 앉아서 소중하게 이야기를 나누어야 합니다. 부모 혹은 어른으로서의 기쁜 마음을 우선 표현하고, 진지한 분위기에서 말해 주어야 합니다.

"네가 이 세상에서 하고자 하는 일을 발견하는 것은 큰 축복이란다. 어쩌면 신과의 만남일 수도 있고, 자신에 대한 깊은 발견일 수도 있단다. 아주 기쁘다.

물론 앞으로 살게 되면서 바뀔 수도 있고 또 현실적인 여러 상황이 생길 수도 있지만 마음속에 그런 꿈을 품게 된다는 것은 삶의 방향이 생기고 길이 마련되는 일이란다. 기쁘고 축하한다. 앞으로 잘 준비해 보자. 우리는 너를 존중하고, 너를 응원할 준비가 되어 있단다.

혹시 하고자 하는 일이 잘 준비되지 않거나 힘들게 된다 하더라도 실망하지 말아라. 하나에 대해 알게 되면 또다른 것을 알 수 있고, 여러 방면으로 또다른 길이 열릴 수도 있단다."

아이의 가슴속에 그런 꿈이나 과업, 혹은 의욕이 생겼다고 하는 일 자체는 정말 중요한 과정입니다. 절대로 의심하거나 불안을 표하거나 모욕을 주어서는 안 됩니다. 관련된 아이의 재능을 인정하고 발전적인 방향을 말해 주어야 합니다.

아이의 꿈을 무시하거나 인정하지 않고 조롱과 멸시가 이어지면, 아이는 이제 더 많은 것을 숨기고, 표현하지 않으며 더 많은 일들에 대해 불가능할 것이라고 생각하기 시작할 것입니다. 그럴 일이 없어야겠지만 자칫 아이의 꿈을 지나치게 부정적으로 말하면 아이는 아무것도 안 할 수 있습니다. 자신이 하고자 하는 일이 있을 때마다 부모의 반대로 할 수 없다는 사람을 간혹 보곤 합니다. 잘 된 경우도 있지만 잘 안 된 경우도 많습니다.

아이의 가능성을 발견하기

무엇이 되겠다고 하는 아이들을 힘들게 하는 어른도 많지만, 이미 무엇을 하고 있는 아이들을 힘들게 하는 어른들도 많습니다. 아이가 걱정을 하면 어른이 더 큰 걱정을 만들고, 아이가 힘들어하면 그럴 거면 뭐하러 시작했느냐고 구박하고, 들어간 돈 이야기를 하기도 합니다. 그러면 아이는 무언가를 참고 해내고 어려움을 이겨낼 힘이 사라집니다. 어른들도 마찬가지입니다.

늘 부정적 극단에 가서 실패를 응원하고, 그러기를 바라기라도 하는 양 아이의 부정적 측면을 후벼 파는 것을 아이를 돕는 것으로 착각하는 어른들이 여전히 많습니다. 마치 아이의 꿈을 시기하고 질투하듯이 아이의 단점과 불가능성을 밝히고, 그것이 아이에게 도움을 주려고 한 것이라고 말하는 비겁한 어른도 간혹 있습니다.

그 어느 때보다 불안이 높아진 세대를 위하여 어른이 할 일은 불안을 흡수해주고 안심시켜서, 아이들이 앞으로 나아갈 수 있도록 긍정을 발견해 주는 일입니다. 실제 성공할 수 있도록 주변을 조정하고 지원해 주는 것도 필요합니다.

지금의 아이들에게는 더 많은 격려가 필요합니다. 관계 속에서 힘을 받고 관계 속에서 인정받기 때문에 격려를 통해 주변에 대한 기여를 강조하는 것이 아이들에게 힘이 되기 때문입니다.

아이들이 가지고 있는 잠재적 가능성을 알아봐주는 어른이 필요합니다. 실제로 어른들은 아이들을 발견해내야 하고 아이들이 갖고 있는 욕구의 뿌리를 읽어주어야 합니다.

우리는 훌륭한 학생 뒤에 언제나 훌륭한 교사가 있었다는 사실을 잘 알고 있습니다. 다양한 아이들이 재능을 펼치고 발산하도록 학생들의 환경을 조성하는 학교와 재능을 발견하고 칭찬을 아낌없이 해주는 어른이 필요합니다. 간혹 아이들이 장난스럽고 진지하지 않다 할지라도 여러 분야 안에서의 우수한 면을 보아주고, 다음 차원을 알려주는 어른은 정말 중요합니다.

아이의 단순한 욕구를 더 높은 욕구와 연결시키면서 아이가 나아갈 수 있도록 돕는 것이 필요합니다. 이런 승화가 일어나서 변화가 일어나기 시작할 때 아이들 사이에서 연쇄적 파동이 일어납니다. 먼저 해낸 아이가 그 파동의 시작이 됩니다.

'하다 마는 아이'에서 '해낸 아이'로

포기와 체념의 시대에 끝까지 해낸다는 것은 어려운 일입니다. 하지만 많은 아이들이 끝을 잘 내도록 돕는 어른들이 있습니다. 아이들의 동기와 욕구 수준에 따라 도움을 잘 파악해서 주는 좋은 선생님들과 전문가들이 있습니다.

반복적으로 포기하는 아이들에게 달려 있는 가슴 아픈 꼬리표가 '끝까지 해본 것 없는 아이' '무엇이든 조금 하다 만 아이'라는 것입니다. 그래서 이 아이들은 이 꼬리표를 떼지 못하고 인생의 실패자처럼 남는 경우가 많습니다.

이런 아이들을 잘 돕는 선생님들이 있는데, 이 선생님들은 한마디로 아이들에게 끝을 잘 마무리할 수 있도록 돕는 이들입니다. 동기가 낮은 아이들이 그 끝부분에 잘 도달할 수 있도록 과제 단계를 잘게 나누어 짧게 하고 반복하면서 아이들이 숙달할 수 있도록 돕고 마침표를 찍어줍니다.

그래서 아이들이 '하다 마는 아이'에서 '해낸 아이'로 자신의 정체성을 바꾸고, 스스로도 한꺼번에 하려 들지 않고 요령 있게 잘게 나누어 단계별로 조금씩 이루어가는 것을 배웁니다.

처음부터 큰일을 끈기 있게 한 번에 해내는 사람은 없습니다. 훌륭한 리더는 '다 했다'라고 말해 주고, '쉬었다가 하라'고 하는 사람들입니다. '멀었다'라고 말하면서 끊임없이 긴장을 유지하면 높은 동기를 가지고 이미 많은 것을 이룩한 사람들만 해낼 수 있습니다.

지금의 우리 아이들에게는 어떤 일을 짧게 자주 이루게 하면서 자신에 대한 자신감을 갖도록 도와줄 어른이 더 필요합니다.

'포기하지 않는다'

학습부진에 대한 여러 연구에서 학습부진을 겪는 아이가 그 상태에 계속 머무르게 되는 가장 큰 이유는 '벗어날 희망이 없다'는 태도라고 합니다. 그리고 선생님이 희망이 없다고 생각해서 마음속에서 포기한 아이들도 학습부진 상태에서 벗어나지 못한다고 합니다.

끝까지 포기하지 않도록 돕는 어른이 있다면 많은 아이들은 결국 포기하지 않게 됩니다. 포기는 실제로 노력과 능력의 문제가 아니라 태도와 관점의 문제입니다.

미국의 마바 콜린스(Marva Collins)나 에린 그루웰(Erin Gruwell)이라는 교사들은 '포기하지 않는다'라는 신조를 갖고 있습니다. 그들이 반드시 해내야 한다는 강박에 사로잡혀 아이들에게 무리하게 강요해서 해내게 했다는 뜻은 아닙니다. 그들은 아이들이 자신을 믿게 하고, 아이들 내면에서 용기를 불러내는 힘을 일으켰습니다.

아이들 스스로가 자신을 믿지 않았지만, 선생님들이 자신을 믿는 것을 보고 배워서 점차 스스로를 믿게 되고 조절하게 됩니다. 그래서 그 아이들은 오랜 시간이 걸리더라도 할 수 있는 모습을 보입니다.

물론 감동적인 스토리가 언제나 펼쳐지는 것은 아니겠지요. 실패도 있고 성공도 있을 것입니다. 그러나 잘 분석해 가면서 아이들이 포기하지 않고 자신의 삶을 찾아갈 수 있도록 꾸준히 돕는 것은 시대를 떠나 중요한 힘입니다.

우리에게 필요한 것은 1등이 아니라 우리가 갈 수 있는 길, 가고자 했던 길을 가는 것입니다. 1등은 단지 여러 등수 중 하나일 뿐입니다. 우리는 자신을 이겨냈던 자신감, 해보기로 한 것을 해냈던 성취감으로, 그 과정에 팀워크로 맛보았던 행복함으로 인생을 살아나가는 것입니다.

실패하더라도 포기하지 않는 것이 아름다운 것입니다. 그리고 그것이 인생의 여러 교훈을 남겨 겸손하고도 성실한 사람들을 만들어냅니다.

어른부터
의미 있는 삶을 사세요

"누가 나를 진짜로 만나주실 건가요?"

"누가 뭔 이야기를 해보라고요, 제발."

중학생 아이가 소리를 지르며 상담실로 들어왔습니다. 함께 온 사람은 학교 상담 선생님과 어머니였습니다.

아이는 지난 3개월 전부터 지금까지 게임을 너무 심하게 하고 있다고 합니다. 오늘도 쉬는 시간에 학교를 나가 피시방으로 가다가 상담 선생님에게 발각되어, 진료실로 찾아오게 되었습니다. 아이의 어머니는 상담 선생님의 연락을 받고 직장에서 달려왔습니다.

"내가 심심하고 재미없어서, 게임을 하는데, 맨날 못하게만 하고, 더 괴롭히고……. 왜 맨날 여기 저기 데리고 다니면서 했던 말 또 하게 하냐고요."

"흥분하지 말고 자초지종을 말해봐. 다행히 오늘 외래에 환자가 많지 않아. 차분히 이야기할 수 있어."

이렇게 안심시키고 아이의 이야기를 들어보았습니다.

아이는 지금 진로문제로 상당히 고민이 크다고 합니다. 그리고 자신의 진로가 자기 희망대로 되지 않을까봐 너무 불안하다고 합니다. 그런 과정에서 자신의 불안에 대해 부모님에게 말했는데, 부모님은 이렇게 대답했다고 합니다.

"그냥 그 정도의 불안은 누구나 있다. 그런 불안도 못 견뎌내면 어떻게 하냐?"

그렇지만 아이의 실패에 대한 불안은 더 높아졌고, 실패 후 창피할 생각만 하면 더 답답해졌다고 합니다. 그래서 학교 상담 선생님을 찾아갔다고 합니다. 그리고 자신의 괴로운 심정을 말했더니, "너만 그런 것이 아니라 다 그렇다고 하더라. 힘들 때 조금 좋은 생각을 해봐라"는 권면을 받았습니다. 그리고 다음에 다시 부른다고 하고는 부르지 않았다고 합니다.

하지만 아이는 자꾸 불안하고 화장실도 자주 가게 되고, 소화도 안 되고, 학원에서 집중도 안 되었습니다. 그래서 어머니에게 상담이나 무슨 약을 먹던지 해야겠다, 생각보다 힘들다고 하니까, 어머니는 "무슨 약이냐?"고 하면서 신경질만 내고 말았다고 합니다.

그래도 어머니를 설득해서, 학교에서 가까운 상담실에 가서 상담받기로 하였다고 합니다. 일주일에 한 번씩 가기로 했는데, 비용이 상당히 부담된다고 어머니가 핀잔을 주어 고민이 되었고, 편한 마음으로 다니지는 못했다고 합니다.

당신의 삶을 이야기해 주세요

그러던 어느 날 아이는 가고 싶은 예술고등학교뿐 아니라 모든 예고에 진학 금지를 당하는 꿈을 꾸었습니다. 더 급격히 불안해지면서 이불안을 마음 안에서 몰아내고 싶었고 아무 생각도 들지 않기를 바랐다고 합니다.

그래서 그냥 게임을 하기 시작했는데, 게임의 효과가 너무 좋았다고 합니다. 목표 점수를 향해 정신없이 하다 보니 몇 시간이 지났는지도 모를 정도로 빠져들어서 걱정이 되는 생각이 들지 않았다고 합니다. 이후 학교에 가서 같은 게임하는 아이들을 찾고 또 그 아이들과 그 게임에 관해 이야기를 나누니 아이들이 점수를 잘 내는 방법, 돈으로 바꾸는 방법까지 모두 말해 주었다고 합니다.

아이는 게임의 재미, 효과, 게임하면서 사귄 친구에 대해 긴 이야기를 하였습니다. 하지만 아이가 정작 하고 싶은 이야기는 게임 무용담이 아니었습니다. 원래부터 이 아이가 정말로 하고 싶은 이야기는 무엇이었을까요?

원래 게임은 불안을 피하기 위한 결과적 행동이고, 불안을 만드는 것은 예술고등학교의 합격 여부였습니다. 아이는 누군가가 확실한 것을 이야기 해주기를 바랐습니다. '예고를 가라, 가지 말아라, 예고를 붙으려면 이렇게 해야 한다, 저렇게 해야 한다'를 상담해 주거나 아니면 '인생이란 원래 이렇다든지, 저렇다든지' 아니면 불안을 없애는 확실한 비법이나 기술을 전수해 주기를 바랐습니다. 그런데 모두 걱정만 하고 안타까워하고 확실한 이야기나 방법은 제시해 주지 않아 답답하다는 것이었습니다.

그래서 부모님이나 선생님에게 직접 물어보지 그랬냐고 물었습니다. 아니나 다를까 아이는 만나는 어른들에게 물어봤는데, 다들 대답을 제대로 해주지 않았다고 합니다. 부모님과는 '네 결정에 따른다, 네 결정이 중요하다, 힘들면 안 가도 된다'고만 해서 크게 싸웠다고 합니다. 꼭 진학했으면 좋겠다고 할 때는 언제고 이제 와서 포기를 해야 하는 거냐고 싸웠다고 합니다.

같이 고민하면서, 문제를 함께 풀어나가는 데 도움을 주는 어른은 없고, 엄살떨지 말라고 겁박하는 어른, 잠깐 위로하고 사탕 하나 주는 어른, 심각하게 이야기 나누지만 책임질 이야기는 하고 싶지 않다는 어른만 잔뜩이었다고 합니다. 책임을 묻지도 않을 텐데 말입니다.

그 아이는 인생은 원래 무엇인지, 그래서 내가 어떤 기준으로 판단해야 하는지에 대한 무언가 지침이 될 만한 대화를 하고 싶었고, 이런 혼란으로 인해 너무나 괴로울 때 더 잘 해결할 수 있는 게임 이외의 좋은 방법도 듣고 싶었다고 합니다. 그러나 이런 이야기를 해주는 어른이 없었습니다. 그래서 여기까지 왔다고 합니다.

아이 말로는 오히려 게임하는 형들이 더 진지하게 이야기를 해주어 게임에 접속하는 것이 도움이 되기도 했다고 합니다.

아이가 이렇게 말했습니다.

"아니 어른들은 왜 의미를 말하지도 못하고, 인생에 대해 말해줄지도 모르냐고요. 누가 내 삶을 책임지라고 하나요? 하지 말라고 말할 거면, 그 고통이 되는 원인과 관련된 문제에 관해 조언을 해달라니까요? 왜 금지만 시키냐고요?"

사실, 이런 질문에 지금의 어른들은 가끔 당황스럽습니다. 이 아이에게는 무슨 이야기를 어떻게 해주어야 할까요?

먼저 어른들의 삶부터 행복하게

학부모 교육 시간에 "우리는 왜 살까요?"라고 물었을 때, 자식 때문이라는 이야기 말고, "그냥 죽지 못해 살지요"라고 말하는 부모들이 있습니다. 웃자고 하는 소리일 수도 있습니다. 그들의 개별적 사연을 논하는 자리가 아니니, 더 묻지는 않습니다만 언제나 그런 사람들이 있습니다.

우리 중 적지 않은 사람들이, 정도의 차이가 있지만 삶의 변화 속에서 의미를 찾지 못하기도 합니다. 그리고 자기 삶의 의미를 찾고자 하는 노력을 포기합니다. 그저 누군가를 위해 어떤 일을 하는 것이 자신의 삶 전부를 차지하는 것으로 결정하고, 그 관계에 대한 의존으로 자신의 삶을 채우는 사람들이 적지 않습니다. 이런 부모들과 아이들 사이에는 의미와 행복에 대한 논쟁이 끊이지 않는 경우를 종종 봅니다.

왜냐하면, 이 시대의 아이들은 의미론자이고 부모들은 당위주의자이기 때문입니다. 부모 세대에서 공부, 효도, 애국 등은 질문의 대상이 아닌 성실과 순종의 대상이었고, 그것을 해내지 못하면 죽는 것이었습니다. 하지만 그 시대가 지나가고 아이들의 새로운 세계 안에서 과거의 당위는 모두 의문에 부딪히고 있습니다.

"아니 공부하는 데 무슨 의미가 필요하냐고. 그냥 하는 거지. 또 사는 데 무슨 의문이 들어. 그냥 태어났으니까 사는 거지. 지금 행복한지 그딴 것 물어봤자 소용없어. 그냥 살아 있으니까 사는 거지. 그 다음날 안 죽고 깨어 있으면 그냥 사는 거야."

이렇게 응답하는 것은 아이들에게 그저 부모가 시키는대로 살라고 하는 것, 삶은 의미로 충만한 것이 아니라 생존 외에는 공허하다는 것을 전해주는 일입니다. 즉 살아 있으니, 살아지는대로 살아내는 삶을 말하는 것입니다.

부모들부터 생기 넘치는 삶을 살아야 합니다. 부모 자신의 삶에서 희망을 만들고 사회에 함께 기여하고자 하는 노력을 기울이는 모습을 보일 때, 아이들은 희망을 가집니다. 부모의 고생을 자식이 아닌 다른 사회적 관계의 현장에서 희생이 아닌 봉사와 헌신으로 보여주어야 합니다.

그래야 아이들도 부모를 보고, 어른을 보고 삶이 그저 생존하기 위한 것, 비어 있는 것이 아니라 무엇인가를 함께하고 기여하는 것이라는 점을 압니다. 그래서 역사가 발전하면서 모두가 과거보다 행복한 세상에서 살아갈 수 있도록 노력하는 기쁨에 대해서도 알게 됩니다.

그저 자식 하나 잘되는 것을 보는 것으로 부모의 인생을 제한하지 마세요. 그것은 아이들에게 희망이 되지 않습니다. 부모도 새롭게 공부하고 부모의 삶에서 희망을 만들어야 합니다. 우리 모두에게 더 행복한 삶, 더 나은 사회를 위해 분투하는 것도 아이들에게 보여주어야 합니다. 이 삶이 어떻게 이루어지는가에 대한 역사를 보여주어야 합니다.

타인들의 행복과 후세를 위해 자신을 희생한 사람들부터, 오늘 하루 사회가 돌아가도록 하기 위해 타인들이 원하지 않는 일을 해내는 사람들 덕분에 우리가 살아갈 수 있다는 사실에 대해 감사할 수 있도록 가르쳐야 합니다.

이번 생애가 망했다는 아이들에게 안타까운 마음을 보여주면서, 비록 남들이 알아주지 않을 수도 있지만, 부모로서 선생님으로서 어른으로서 의미 있는 일을 하며 살고 있다고 신중하고 사려 깊게 이야기해 주어야 합니다. 쓸모없는 사람은 없다고, 인간의 생애는 두 번 돌아오지 않고 오직 한 번뿐이라고, 삶의 의미는 스스로 정하는 것에서 출발하는 것이지, 타인의 규정이나 집단의 인정에 달린 것은 아니라고 단호하게 말해 주어야 합니다.

그래서 어른부터 새로운 희망을 갖고 살아가는 것, 그것이 아이들에게 희망의 불씨가 활활 타오르게 하는 첫 번째 일입니다.

사춘기 아이들에게 어른으로서 전하는 말

• "네가 사춘기가 되어서 엄마가 예전보다는 널 덜 도울 텐데, 그렇다고 해서 덜 사랑한다는 것은 아니란다. 이제 어떤 일은 너 스스로 해주면 참 좋겠다."

• "꿈이 생겼다니, 정말 기쁘고 축하할 일이구나. 정말 네 자신에게 그 일이 맞는지 너무 고민하지 말고 한번 열심히 해보면서 이야기를 해나가자."

• "네가 커서 엄마도 이제 엄마가 예전에 하던 일을 다시 열심히 하고 싶은 마음이 들었단다. 엄마 인생에 네가 정말 중요하지만 이제 전부는 아니란다. 이제 네가 떠나고 난 다음의 엄마 인생을 위해 슬슬 시동을 걸어봐야겠단다."

• "많은 부모들이 바라는 것은 단지 잘하는 것보다는 네가 열심히, 무언가 열심히 하는 모습을 보는 거야. 어른이 될 준비를 잘 하고 있는 모습을 보는 것이란다."

• "사춘기라 힘들겠지만, 말로 해줄 수 있다면 그것이 제일 좋은 것이란다. 자신에 관해 점차 잘 말할 수 있게 되는 게 어른이 되는 것이란다."

아이와 멀어지는 대화법 vs 아이와 가까워지는 대화법

"부모들의 이런 대화법이 너무 싫다"

청소년기에 들어서, 부모와 대화를 하지 않기로 결심한 아이들은 아동기에 부모들이 어떤 대화를 했길래 그런 결정을 했을까?

❶ "했냐, 안 했냐?"_점검, 확인, 협박의 대화법

부모가 늘 점검하고 확인한다. 점검 후 부모의 기대대로 되어 있지 않으면 협박한다. 마치 채권자와 채무자의 대화 같다. 늘 했냐, 안 했냐부터 시작해서, 잘했냐, 못했냐로 이어진 후 혼나는 것으로 끝난다.

❷ "부모니까 말해준다"_부모라는 이유로 약점을 후벼 파는 대화법

가까운 사람이기에 그 사람의 단점을 직설적으로 빨리 말해 주어 단점을 하루 바삐 고치게 해주고 싶다는 생각은 착각이다. 이렇게 단점에 대해 언급하면 친밀한 관계가 파괴되기 시작된다. 거의 매일 단점을 후벼 파듯이 이야기하는 사람과 대화가 즐거운 사람은 없다.

❸ "네 얘기는 들을 필요도 없다"_헛똑똑한 부모의 잘난 척 대화법

멍청한 아이의 이야기는 들으나 마나라고 한다. 똑똑한 부모가 한심한 자녀의 이야기를 듣는 것이 시간 아깝다고 하면 아이는 점차 말하는 것이 소용없다는 것을 깨닫는다. 그리고 부모의 똑똑함이 지겨워진다.

❹ "결국 돈 달라는 거지"_욕구를 폄하하고 아이를 게걸스럽게 보는 부모의 대화법

아이들의 의도를 독심술로 읽어낸 것처럼 말하면서 아이들을 아주 이기적으로 보는 부모들은 아이의 말은 곧 돈에 대한 요구라고 단정지어 아이들에게 상처를 준다. 그런 경우도 있지만 그렇지 않은 경우도 있다.

❺ "말대꾸 하지 마"_권위로 뭉개는 대화법

부모가 권위에 도전하거나 의견을 내지 말라고 하면 아이들과 싸우게 될 수도 있다. 아이들과 대화의 규칙을 잘 정한 뒤 아이에게도 말할 기회를 주어야 하는데, 부모가 그런 사소한 규칙을 지키기 어렵다는 것은 권위에 찬 행동을 하고 싶다는 뜻이기도 하다. 자율성과 독립성을 추구하는 아이들은 당연히 이런 대화에 저항하고 반발한다.

❻ "이미 다 안다"_실제로는 허풍투성이인 헛짚기 대화법

보이지 않는 곳에서도 자녀의 행동을 모두 보고 있거나 볼 수 있다고 생각하고 감시한다. 실제 현실에 부합될 때도 있지만 부합되지 않을 때가 많다. 아이들은 어이없어한다. 새로운 세상이기에 부모들이 모르는 것도 많다.

❼ "쓸데없는 것에만 관심 있냐?"_무시하는 대화법

아이들의 욕구가 쓸데없다고 어른이 판단하고, 아이들이 말하는 것을 무시하는 대화법이다. 간혹 이런 대화는 폭력을 유발하기도 한다.

❽ "도대체 몇 번을 말하냐?"_바보로 여기는 대화법

이미 부모는 화가 나 있고 자녀도 화가 나게 하는 대화로, 이런 경우에 폭력이 많이 등장한다. 몇 번을 말하게 한다는 것은 한마디로 여전히 모른다는 것인데, 설명을 해주어야 할 상황에 화를 내니 아이들은 더 대화가 싫어진다.

"이렇게 말해 주세요"

지금 관심 있는 것을 인정해 주세요.

잠시 쉬어도 된다고 해주세요.

좋아하는 것은 무엇이든 괜찮다고 해주세요.

천천히 시작해도 된다고 해주세요.

잘하지 않아도 좋다고 해주세요.

관심 있다고 해주세요.

얘기를 진심으로 들어주세요.

세상은 살만하다고 얘기해 주세요.

'네 힘으로 했구나'라고 해주세요.

'네가 그렇게 하니 참 좋다'라고 해주세요.

'힘들지?'라고 먼저 말해 주세요.

'뭐가 힘드냐'라고 하지 말아주세요.

'너만 힘든 거 아냐'라고 하지 마세요.

'아 그랬구나'라고 해주세요.

'그게 말이 돼?'라고 하지 말아주세요.

'그건 그렇고, 그래서'라고 하지 마세요.

'넌 문제야' 그렇게 보지 마시고 '더 잘 할 수는 없니?'라고 하지 마시고 '괜찮아'라고 해주세요.

한 번 더 물어봐 주시고 또 들어주세요. 그 다음엔 그래 '조금은 이해해'라고 해주세요. 전부 이해한다고 하면 부담스러워요.

작은 이해만으로도 너무 큰 위로가 될 수 있어요. 거기서 삶이 다시 피어날 수도 있어요.

'그럴 수도 있지만, 만약에'라고 하지 말아주세요.

이왕이면 다 듣고 말해 주세요.

8장

아이들 가슴속
희망의 불꽃을 피우는
사회 만들기

"한 사회의 도덕성은 그 사회가 아이들을 위해
무엇을 하고 있는지 보면 알 수 있다."
— 디트리히 본회퍼

지금이
조지 오웰의
1984

통제와 위계가 강해지는 헬조선

현존하는 사회 중 가장 고문하기 좋은 사회, 즉 획일성이 높은 사회가 바로 우리 사회라고 합니다. 우리는 공부라는 것 앞에서는 모두 획일적입니다. 그래서 그에 포함되지 않으면 쉽게 이방인 취급을 합니다.

어느 토론회에서 조지 오웰의 소설 『1984』에 가까운 사회가 바로 우리 사회라는 이야기가 있었습니다. 교묘하게 치장되고, 또 의식하지 못하게 위장되어 있지만 우리는 속박된 세계에서 학계, 정부 관료들, 대기업들의 카르텔에 기반한 지배체계 하에서 살고 있습니다.

- 하나의 사상, 입시와 학벌체제 사상
- 불필요한 책을 읽지 않는 통제

- 끝없는 전투 체제, 잔혹한 공부 전투
- 적응하지 못하는 사람에 대한 도태와 처벌, 감시, 제거
- 사랑도 하지 않고, 결혼도 하지 않는 사회

세뇌되고, 감시당하고, 모두가 일사불란한 체제 하에 '전쟁이야말로 평화이고, 자유는 예속이고, 무지야말로 힘'이 된다는 삶은 아이들의 장난스런 급훈이 되기도 합니다. 공부를 전쟁처럼 해야 평화가 오고, 입시체제 하에 자유는 반납해야 하며, 셰익스피어를 읽는 것이 반역이 되고 문제집만 읽고 풀어야 하는 사회가 지금 아이들이 살고 있는 사회라는 것입니다. 이 체제 하에서 소설 『1984』의 주인공들처럼 내적인 갈등과 고통, 번민 속에 아이들이 자신의 적응을 선택합니다.

너무 이 이야기가 과하다는 생각을 할 수도 있습니다. 하지만 어느 SF 영화처럼, 우리 사회의 겉치장, 속임수 장치들을 걷어내고 핵심원리만을 명징하게 투시하면 볼 수 있습니다. 바로 지금의 현실이 관료, 정치, 대재벌의 연합에 의해 합의된 학벌 지배 구조로 자신들 집단의 재생산에 유리한 체제를 이식하여, 계층 이동의 사다리를 더 제거해 온 과정입니다.

그야말로 헬조선은 『1984』의 변이사회인 것이지요. 이 시스템에서 인간과 인간 이하를 품평하고 분별해 내는 고도의 통과장치가 입시, 입사, 고시제도 등의 등용문들이고, 몇몇 사람들만이 이 제도 하에서 유리한 결과를 가져갑니다. 그리고 나머지 개·돼지 같은 인간 이하의 것들은 걸러져서 그 바깥에서 살아갑니다.

이런 이야기가 아이들에게는 풍자가 아니라 현실처럼 느껴질 수도

있습니다. 제 생각에도 우리는 아주 통제된 사회에 여전히 가까이 있는 것 같습니다. 광고나 TV, 영화를 보면 자유, 평등, 평화가 다 우리 안에 있는 것처럼 보이기도 합니다. 우리는 이 사회를 다른 눈으로 더 또렷하게 바라볼 필요가 있습니다. 그래서 그 과정에서 아이들이 어떻게 취급되고 무엇을 경험하고 고민하는지를 들여다보아야 합니다.

어른들이
싸워야 한다

우물쭈물할 시간이 없다

이전 시대와는 다른 사회 환경 속에서, 어른들과는 다른 방식으로 고생하면서 크고 있는 아이들의 꿈과 희망이 이루어지기 위해서는 이전 시대와는 다른 세상을 만들어야 합니다. 실제로 이 시대에 합당하고 성숙한 새로운 삶의 방식들을 만들어야 합니다. 그래서 다수가 행복하고 다수가 성공하는 삶의 방정식을 아이들과 함께 만들고 공유해야 합니다. 새로운 방정식의 구성요소는 앞서 제시한 몰락의 요소들의 반대 방향의 요소들이 될 것입니다.

많은 사회가 역사적 방식과 경험은 다르지만 이런 사회적 전환의 투쟁을 해냈거나 치르고 있는 상태입니다. 만일, 우리가 새로운 방향으로의 역사적 전환을 해내지 못하면 어떻게 될까요? 현재의 무기력한 다수의 아이들에게 더 무기력해질 수밖에 없는 체제를 안겨주면 어떻게 될까요? 각자도생해서 승자만 독식하는 체제로 이 사회가 고착되면 사회분위기는 어떻게 될까요?

아마도 가타다 다마미라는 정신과 의사가 일본이라는 사회에 대해 표현한 대로, '배고프지는 않지만 인구의 3분의 2가 우울한 사회'가 되거나, 불평등과 격차가 커지므로 '사회는 부유한데 다수 개인은 가난한 사회'가 될 것입니다.

이렇게 소수가 지배하는 신분 사회, 혹은 전체주의적 사회로 진행이 되면 파시즘이 출현하거나 사회적 희생양 찾기, 우경화, 전쟁주의가 다시 출현하는 경우를 줄곧 보아왔습니다. 부유하거나 권력적인 소수는 가난한 다수의 사람들의 분노가 자신들에게 향하지 않도록 하기 위하여 적을 만들고 혐오를 강화하여, 다수의 사람들을 희생하거나 분열하는 책략을 늘 사용해 왔습니다.

당장의 경제적 손실에 대한 불안과 변화로부터 오는 불안으로 갈등하면서, 생존에 기준한 셈법으로 과거에 기준해 주판을 튕기고 있는 어른들은 변화가 쉽지 않다고 할 것입니다.

그러나 현재의 체제에서 아이들은 점차 삶의 희망을 잃어가고 있습니다. 이미 수많은 분노에 찬 초등학생, 중학생들이 자살과 자해를 저지르고 있으며, 그 과정에서 무기력하게 살기로 결정한 다수의 중고등학생들도 있습니다. 어찌 보면 이 사회체제의 결과이기도 하지만, 아이들의 무기력과 분노, 울분은 아이들의 저항방식 중의 하나라고 볼 수도 있습니다.

이미 오래전부터 많은 어른들도 주장해 왔고, 지금의 다수 아이들도 주장하고 있듯, 이 획일성, 능력주의, 경쟁과 비교, 혐오의 체제는 변화해야 합니다. 그리고 학벌, 학력에 대한 신화 수준의 신념에 따른 체제의 운영도 종지부를 찍어야 합니다.

아쉽게도 지난 십여 년 동안 그런 체제가 더 강화되는 길로 달려왔습니다. 역사적 퇴행 속에서 성장한 아이들은 더 큰 비애를 겪어야만 했습니다. 거꾸로 가는 사회 가치와 운영 원리 속에서 성장한 아픔이 아이들에게도 있을 것입니다.

이 과정에서 청소년, 청년들이 외친 헬조선, 수저론은 단순한 풍자이론이라기보다는 그들의 실재적 삶입니다. 그로 인하여 아이들이 채택한 방식인 은둔과 자해, 중독과 수동적 삶의 선택은 거대한 흐름입니다.

이 흐름 속에서 어른들이 우물쭈물하고 있는 사이, 아이들 가슴속의 삶에 대한 희망의 불씨가 하나둘씩 꺼져가고 있습니다. 그러므로 아이들에게 희망이 되는 사회가 되려면, 근본적으로 우리가 살고 있는 이 사회에 새로운 가치를 만들고 실천해야 합니다. 모두가 다 함께 행복하게 살아갈 수 있는 사회로의 전환을 강조해야 합니다.

획일성의 시대에서 다양성의 시대로

이미 새로운 사회를 향한 전환의 큰 방향은 정해져 있습니다. 지겹고 천박하며 21세기 4차 산업혁명에도 적합하지 않은 이 입시 중심의 획일적인 사회가 가장 빠른 시간 안에 사라져야 합니다.

이 입시 교육과 성공의 좁은 문 체제가 사회적 파국의 기초입니다. 그런 체제에서 벗어나려는 우리들의 고양된 의식이 필요합니다. 아이들 각자가 존중받는, 즉 아이들이 저마다 각기 다른 개성으로 존중받는 다양성의 사회, 1등의 의미가 사라지는 사회로부터 다시 시작해야 합니다. 입시 중심의 획일성이 우리 사회의 특수한 올가미이고, 우리 사회를 갉아먹는 낡은 인식이자 기준입니다.

태어나면서부터 경쟁시키고, 돈 있는 사람들이 자신들의 아이 중심으로 사회를 돌아가게 만든 과정에서 많은 아이들이 도태되는 느낌, 탈락하는 느낌, 사랑하는 부모에게 좋은 자녀가 되지 못하는 비애를 갖게 합니다. 아이들에게 능력 없고 쓸모없는 인간 군상이라고 각인시키는 세뇌가 중단되어야 합니다.

그 과정에서 어떤 아이들은 인간의 이타적 속성이 파괴되고, 손상을

획일성	다양성
권위적 집단주의 강조	합리적 개인과 집단의 공조
소수이익사회	다수이익사회
능력주의	공동체주의
경쟁	협력
혐오	존중
각자도생	사회적 돌봄
만족한다	이 정도면 이미 만족이다
생존 자체	의미있는 삶, 행복
모자일체화 사회 (엄마 양육부담 사회)	균형노동 및 균형 양육사회 부모 균형양육 사회
피상적 민주주의	구체적 민주주의
미성숙 사회	성숙사회

입으면서 자기 삶에 대한 자존감과 자긍심이 쪼그라듭니다. 서로에게 그저 상처주지 않으면서 안전한 대인관계를 위해 그어놓은 금을 밟지 말고, 자신만의 혹은 오직 혼자만의 작은 꿈을 실현하면서 살자는 개인적 속죄주의나 개인적 쾌락주의에 머무르게 됩니다.

모두가 함께 자신들의 강점과 재기를 합하여, 더 큰 선을 이루기 위해 협동하고 양보하고 헌신하는 삶의 모델이 압도하지는 못해도 주도하는 사회 원리가 수용되어야 합니다.

우리 삶의 의미가 풍성해져야 합니다. 오직 자식, 가족, 부유함, 이기적 축적만을 바라는 것은 상처받은 사람들의 생존전략일 뿐이었습니다. 아이들은 생존에 대한 도전을 받지 않는 환경 속에서 성장하면서 이 삶의 의미를 묻고 있습니다. 그런데 우리는 대답하지 못하고 있습니다.

우리는 우리 삶의 철학을 융성하게 하여 이 시대를 살아가는 인간들의 다양한 의미를 제안하고, 각자의 영역에서 모두가 잘 살아가도록 하기 위하여 노력하는 일상의 영웅들을 기억하도록 아이들에게 말해 주어야 합니다. 우리끼리 서로를 깎아내리며 가치를 무의미화하려는 사대주의 식민세력도 이겨내야 하고, 협동과 상생을 두려워하고 방해하는 산업독점 세력도 균형감을 갖고 절제하도록 힘을 발휘해야 합니다.

아이들과 함께 성숙한 사회에 진입할 수 있는 발길을 도모해야 합니다. 존중과 품격이 넘치는 사회로 가기 위한 사회적 제도와 장치를 실현해야 합니다. 그리고 사회적 가치가 상당히 현실에서, 법, 제도 하에서 실현될 수 있는 안전하고 따뜻한 인본적 사회가 되도록 해야 합니다. 이런 일들이 어른이 해야 할 일들입니다.

아이들로부터
건강한 독립을
추구해야 할 때

'무엇이든 할 수 있다'는 아이들에게 전설일 뿐

학력 신화에 기초해, 특권으로서의 학력을 획득하면 누구나 신분상 승과 함께 부귀를 누리는 시대가 저물어가고 있다고 합니다. 하지만 부모들의 학력 신화에 대한 환상은 여전히 막강합니다. 아마도 그 이면에는 기존의 소수 중심의 질서를 유지하기 위한 보이지 않는 정책부터 시작해서 부모들만의 심리적 사연이 있을 것으로 생각합니다.

자녀를 통하여, 자신이 이루지 못한 꿈을 이루겠다는 부모의 상처받은 자기애의 투사는 아이들이 파탄의 삶을 살게 되는 가장 흔한 병적 심리입니다. 그리고 자녀에 지나치게 몰두하고 자녀에게 동일시되는 부모-자식의 일체화, 즉 지나친 자녀와의 동일시, 자녀와의 분리 어려움도 그 다음으로 흔한 병적 심리입니다.

거기에다 우리는 우리 자신에 대한 극대화된 자기 평가, 즉 전후 산업 부흥을 일으킨 한강의 기적, 원조 받던 국가에서 원조하는 나라로 뒤바뀐 최초의 국가, IMF 구제금융 시절에도 금 모으기 등으로 IMF를 빨리 극복한 나라, 월드컵 4강 신화, 촛불 혁명 신화 등 다른 민족이 일구지 못한 '기적'을 만들어냈다는 이 고양된 능력주의가 아이들을 여러 번 고통스럽게 합니다.

부모들 심리에 내재되어 있는 이 전능주의가 아이들에게는 가장 견디기 힘든 요구 중에 하나입니다. '무엇이든지 할 수 있다'는 부모 세대의 정신은 애석하게도 요즘의 아이들에게는 전설일 뿐입니다. 아이들의 가슴에 그 불꽃을 계승하고 전수하는 데 우리가 성공했는지는 알 수 없습니다.

왜냐하면 요즘의 아이들은 그런 정신을 요구받지 않는 여건 속에서 살아왔습니다. 또 많은 부모들이 '아무것도 할 수 없게' 과잉보호한 아이들이 태반입니다. 한편으로 맞벌이 가정의 증가, 빈부의 양극화 과정에서 부족한 사회복지와 사회서비스로 인해 '아무것도 해본 적 없도록' 방임되고 학대받은 아이들도 많아진 상태입니다.

그런데다가 여전히 바쁘고, 쫓기고 힘들게 사는 과정에서 아버지의 양육 참여나 저녁 시간의 재구성, 지역사회, 사회자본의 유지에도 실패했습니다. 그래서 아이들에게 우리의 경험과 정신을 살아 있게 하지 못했습니다. 즉 아이들에게 우리의 심정과 살아온 이야기도 전하지 못하고 있습니다. 특히 아버지들은 더욱 아이들과 단절되어 있습니다.

그러므로 아이들의 건강한 독립, 부모들의 자기 주체적인 삶, 아이들과 부모 세대와의 새로운 만남이 이루어져야만 모두의 행복도 기약할 수 있습니다. '자식을 위하여 살아간다'는 이 복잡하고 왜곡되고 낡은 감정이 새로운 감정과 더 성숙된 심리로 향상되어야 합니다.

'함께 살기 위하여' 독립된 존재로서 이 사회가 필요로 하는 젊은이들을 잘 길러내고, 우리는 자신의 실현을 통해 삶의 의미를 찾아가야 합니다.

부모가 자식을 자기 삶의 인질로 여기고, 또 자식은 마치 포로가 된 듯 살아가면서, 서로를 감금시키는 이 체제가 우리에게 심리적인 불행을 가져다줍니다.

아이와의 감정적 꼬임을 풀기 위하여

현재 아이들의 표면적 의식에는 부모와 겪었던 감정적 관계의 피로가 너무 높게 쌓여있습니다. 아마도 그것은 저출생 사회의 영향으로 더 커진 듯합니다. 부모로부터 독립하기도 어렵지만 계속 감정적으로 엮이기도 어렵다고 호소하는 청년들이 많습니다. 커가면서 아이들이 부모와 어떤 마음의 관계를 맺어야 할지 모르겠다고 호소합니다. 정말 지겹지만, 의존할 것이 많아 결혼 후에도 떨어지기가 어렵다는 청년들도 많습니다.

어떤 청년들의 경우, 유아적 전능감은 지속되는데 사회적 성취는 없고 모자일체화가 장기화되면서 의미 있는 분리와 성숙이 일어나지 않는 경우가 있습니다. 그리고 본인의 바람대로라면 기적이 일어나야 하는데 기적이 일어나지 않아 괴로워하는 모습을 보입니다.

모두가 도달하지 못할 목표를 향해, 혹은 오직 소수만 도달할 수 있는 목표를 향해 2인 3각 경기하듯이 같이 뛰거나 업고 뛰다가, 자녀들이 더 이상 못 뛰겠다고 하면서 묶었던 끈을 풀고 뒤쪽으로 돌아가고 있을 때, 고래고래 소리 지르면서 협박하는 부모들이 참 많습니다.

지금 우리는 부모, 자녀 관계에서도 새로운 마인드세트(마음가짐과 작동기제)가 절실히 필요합니다.

병적 자기애와 전능주의, 그리고 자녀에 대한 집착, 이것은 우리가 해결해야 할 큰 숙제입니다. 건강한 자기애와 현실주의, 그리고 성숙한 독립과 상호 의존을 통해 '희생하는' 삶이 아니라 '헌신하고 실현하는 삶'으로 나아가면서, 새로운 마음가짐으로 현실에서의 따뜻한 돌봄을 준비해야 합니다. 어른들에게는 자신의 삶이 필요하고 아이들에게는 부모의 현명한 지혜가 필요할 때입니다.

아이들은 부모와의 감정적 꼬임과 묶임의 무거운 실타래가 풀려 나가는 것, 그래서 마음이 한결 가벼워지는 것도 희망의 한 단초가 될 수 있습니다. 자신의 삶을 독립시킬 수 있으니까요.

함께 행복한
사회를 꿈꾸며

더 늦기 전에 무언가를 해야 한다

한국 사회 자체의 총 불행량이 줄어드는 것 또한 아이들에게 조금 더 희망을 주는 일일 것입니다. 우리는 전보다 커진 부유함과 높은 기술 사회로 진입하고 과거에 비할 수 없이 발달된 사회가 되었습니다.

그런데도 왜 불행하다고 말하는 사람들이 많을까요? 왜 자살률은 높고 삶의 만족은 낮을까요?

사실 그것은 아이들도 비슷합니다. 우리는 불행에 유독 취약한 성향을 가졌다고 보아야 할 것입니다.

- 항상 본인의 실제 실력보다 기대가 너무 높다.
- 자주 비교의 대상이 된다.

- 역사적으로, 시대적으로 가능성을 평가해서 불가능해도 욕망을 낮추지 못한다.
- 뜻대로 되지 않으면 복합적으로 생각하고 자신과 외부를 경계 짓지 않고 무조건 남을 탓하고 원망하는 경향이 높다.
- 무엇보다 빨리 되기를 바라고, 당대에 이루어지길 바라며, 다음 시대를 기다리는 것을 하지 못한다.

이렇게 된 이유는 아마도 우리가 살아온 봉건시대의 끝자락, 그리고 식민지 경험, 독재 군부 정권 하에서의 반복된 경험들이 쌓였기 때문일 것입니다.

- 근대적 자기, 고유한 자기를 형성하기 어려운 상황에서 식민과 군부 상황에서의 획일적 집단적 자기에 더 충실해야 했다.
- 노블레스 오블리주가 없는 민족, 사회, 공동체를 경험하면서 반복적으로 속고 당한 피해의식 속에서 의심이 많고 신뢰가 낮아 자기 직계가족 이상을 생각하지 못한다.
- 봉건 신분제 문화와 일제 식민, 군부 문화 안에서 왜곡된 역사 이식으로 우리 스스로 자랑할 만한 문화나 정체성을 대대로 전수받고 계승한 경험이 없다.
- 사회 시스템에서 천박한 자본주의가 뿌리를 내려, 모든 것이 돈으로 다 된다고 믿는다. 실제로 꽤 다 되어서 인간을 사고파는 수준이 되었고, 인권에 대한 감수성이 낮다. 그래서 스스로 하지 않고 다 시키면서 내가 싫은 것은 타인도 싫으리라는 생각을 하지 못하고,

돈이라는 대가로 다 된다는 생각에서 벗어나지 못하고 있다.

- 이런 사회 풍토 속에서 본인도 사회 구성원으로서 다양한 사회 체제 하에서 존중받은 경험이 없어서 타인을 존중하기도 어려운 상태다.

외국을 다니며 다른 문화를 접하고 지식과 경험도 늘지만 우리 문화 안에서 단기간 내에 품위를 갖춘 삶을 살기란 어려운 상태인 것 같습니다. 시간과 분투가 필요한 것이지요.

민주화되었다고 하지만 자신의 패거리 집단을 거역할 수 없고, 사람들 사이에서 자발적으로 이타성을 발휘하는 문화는 아직 충분히 조성되지 못했으며, 남들이 잘되는 것을 견디기 힘들어하는 문화도 뿌리가 깊습니다.

그 가운데서 권력과 자본의 상층부일수록 부끄러움을 알고 절제하고 나누고 희생, 헌신해야 하는데, 거꾸로 더 쉽게 부끄러움을 잃고 얻고자 하는 것을 중산층과 서민들에게 톡톡 털어내서 가져가는 폭력적인 태도를 갖고 있습니다. 이런 우리 문화 안에 다른 사람에 대한 배려도 어렵고, 다른 집 자식에 대한 배려조차도 어렵습니다. 최근에 그런 경향이 더 악화되어 불행감이 더 커졌습니다.

우리가 행복해지기 위해 서로 사랑하며 살아가기 위해 많은 노력이 필요합니다.

이 상태로는 미래를 기약할 수 없다는 여러 사회적 경고음이 울리기 시작했습니다. 그러므로 우리는 무언가를 해야 합니다. 행복을 향하여 사회가 큰 방향을 선회하도록 무언가를 해야 합니다.

희망을 갖게 해주세요

- 그만 상처 주세요.

- 마음대로 하지 마시고, 강요하지 말아주세요.

- 금지하고, 통제하고, 막고, 못하게 하는 방식 말고 다른 방식 없나요?

- 참여하지 못하게 하거나 권한을 뺏는 것은 하지 말아주세요.

- 여러 기회를 뺏지 말아주세요.

- 헛고생, 헛수고 하지 않게 해주세요.

- 어른의 꿈을 우리에게 이식시키지 말아주세요.

- 미래를 보지 못하게 막지 말아주세요.

- 어른이 할 일을 우리들에게 시키지 말아주세요.

- 마음 아픈 것은 아픈 것이 아니라고 하지 말아주세요.

- 진심으로 힘을 다해 만나주세요.

- 어른들도 이 시대를 이해하는 것이 어렵다고 해주세요.

- 자유를 주세요, 쉽게 해주세요.

- 요구받지 않는 삶, 자신의 삶을 찾게 해주세요.

- 기쁘게 축하해주세요.

- 어른의 마음으로 답해 주세요.

- 함께 우리의 미래를 찾으면서 용기를 주세요.

- 할 수 있다고, 해낼 수 있다고, 격려해 주세요.

- 포기하지 않고 끝까지 할 수 있게 도와주세요.

- 새로운 사회의 가치를 제시해 주세요.

아이들에게 희망을 심는
어른이 되기 위하여

하나, 아이들 고생에 대한 어른의 화답, 공감

아이들 고생에 대해 공감하는 어른들의 화답으로 세상을 바꾸어 나가야 합니다.

아이들의 삶과 함께 하는 많은 어른들도 아이들이 힘들어할 때마다 같이 아프고 깊은 고민과 성찰에 빠집니다. 더군다나 더 나아져야 하는 과거의 미래인 오늘에 아이들을 보니, 우리가 겪던 그 시절의 고통보다 특별히 더 나아진 삶을 살고 있지 못합니다.

새벽부터 독서실에 나와서 열심히 문제집 풀다 잠든 학생을 옆에서 보며 마음이 안타깝습니다. 여전히 시험과 문제의 굴레에서 벗어나지 못한 채 그 늪에서 헤매다 자기 자신이 누군지도 모르고 어느 날 어른이 되고, 또 등록금과 아르바이트, 성적과 취업에 대한 고민으로 이어지는 말라비틀어진 삶을 살면서 허덕여야 하는 저 아이의 미래에 숨이 턱 막힙니다.

어른 한 사람으로서 아이들의 더 나아진 삶을 준비하고 만들지 못했다는 자괴감으로 마음의 고통이 밀려옵니다. 어른들의 어리석음과 탐욕, 그리고 기존의 체계를 무너뜨릴 수 없는 무력함. 이 모든 것이 현재 아이들의 삶에서 생기를 빼앗고 분노와 울분, 무기력이 가득하게 만들었습니다.

자해, 중독, 무기력, 복종, 비행, 은둔하는 청소년, 청년들에게 다시 한 번 새로운 희망을 만들어가기 위해 어른들에게 호소하고자 이 책을 썼습니다. 우리와 다른 시대에 태어나서 우리와는 다른 방식으로 혼돈과 방황, 내적 고통을 겪으며, 새로운 고생 속에서 성장하는 우리 아이들에게 충분히 공감해 주는 어른들이 더 많아지기를 희망합니다.

아이들의 고생에 대해 공감으로 화답하는 어른들이 더 많아져서, 함께 힘을 합하여 이 불합리하고 때로는 부조리한 우리의 성장 시스템을 개혁해 나가기를 바랍니다.

둘, 공감의 확장, 아이들과 어른들의 연대

아이들의 고생을 잘 알고 있는 부모님, 선생님들이 연대해야 합니다.

고백합니다. 이번 책을 놓고 여러 번 제 스스로 기획을 바꾸면서 중심을 잡지 못하고 있었습니다. 그런데, 이 책의 중심이 잡히기 시작한 것은 경기도 '참여 소통 교육모임'의 한 선생님으로부터 강의를 부탁받은 이후입니다. 2018년 2월 초순에 전화가 왔었지요.

"선생님, 이번 해에도 담임 연수를 해요. 2017년도에 다들 너무 힘들었대요. 2018년 학기 초 담임 연수 부탁드리려고요. 그냥 요즘 아이들도 잘 이해할 수 있고, 또 선생님들도 힘나게 하는 그런 연수를 부탁하고 싶어서요."

제가 답했습니다.

"어떻게 하면 될까요?"

"선생님들이 아이들을 예뻐할 수 있고, 힘들어하는 것도 잘 이해하게 되면 좋겠어요. 또 선생님들이 기운낼 수 있게 하는 그런 내용으로 준비해주세요. 그리고 아이들하고 더 많이 만나고 이야기도 많이 하라고 해주시고요. 그런 훈훈한 분위기로 해 주세요."

그래서 '풀꽃 담임 연수'라는 연수를 '풀꽃 담임의 봄날은 어떻게 오는가? 교사의 마음과 용기'라는 제목으로 강의하였고, 일부 원고를 제외한 많은 내용은 이 강연에서 화두를 얻었습니다. 작년 한 해 동안 상담하면서 아이들이 어른들에게 바랐던 것을 고요히 성찰하면서 다섯 가지로 정리할 수 있었습니다.

첫째, 아이들은 따뜻한 어른과 만나길 바랍니다. 바쁘고 차갑고 채권자처럼 구는 어른은 사양합니다.

뜻밖에 많은 아이들이 다른 어른들을 만나고 싶어 했습니다. 그리고 멘토들과 아주 잘 지내는 것을 보았습니다. 단, 요청과 요구가 적고 잘 들어주고 여유가 있고 상의할 수 있는 만남을 바라고 있었습니다. 아이들은 따뜻한 만남을 원하고 있습니다.

둘째, '지금도 잘하고 있다'고 말해달라고 합니다. 망했다고 하지 말아주세요.

'이생망'의 시작은 어른입니다. 이 책의 앞에서도 밝혔듯이 아이들의 생애가 망했다고 말하기 시작한 것은 아이들이 아니라 어른들이었습니다. 철 지난 입시 문제를 풀고 있지 못한 아이에게 와서 "아이고, 아직도 이런 것도 풀지 못하고, 네 인생은 보나마나 뻔하다. 망한 인생이다. 뭐가 되려고 그러니?" 하는 말은 원래 어른들이 흔히 하는 말입니다.

아이들은 지금 자신이 생각하고 있는 일을 자신이 생각하는 속도로 이루어나가는 것에 관하여 응원과 격려를 받고 싶어 하는데, 아이들이 원하지도 않는 공부를 못한다고, '망했다' '망해가고 있다'는 이야기를 수없이 들었습니다.

그러나 아이들은 원하고 있습니다. "그래 지금도 잘하고 있는 거다" 라는 이야기를 듣고 싶어 합니다. 만일, 더 잘할 수 있었다면 더 잘했겠지요. 못하고 싶어 하는 아이들보다 잘하고 싶어 하는 아이들이 더 많고, 그것이 인간의 기본 생리이니까요.

가뜩이나 불안한데 망했다고 하지 말고, 지금도 잘 해나가고 있다고 안심시키면서 천천히 좋은 이야기를 해주세요.

셋째, 누군가에게라도 한 번쯤은 괜찮은 아이라는 이야기를 듣고 싶어 합니다. 나쁜 아이라는 느낌을 주지 말아달라고 합니다.

자기에 대한 확신이 부족하고, 때로는 자신이 싫은, 높은 초자아가 주는 시련 속에서 살아가는 아이들에게 너무 엄격한 기준으로 자신을 다루지 않게 어른들이 편안하게 해주기를 바랍니다. 자해하는 아이들의 내적 핵심은 자기혐오에서 출발한다는 것을 많은 문헌들이 말해 주고 있고, 아이들의 숱한 불행감은 자신에 대한 부정적 인식으로부터 옵니다. 그런데 어른들이 더욱더 아이들을 부정적으로 생각하도록 한다면, 벼랑 위에 선 아이를 조금씩 미는 것일 수밖에 없습니다.

넷째, 진짜로 포기하지 않도록 붙잡아달라고 합니다.

아이들이 자신을 포기한 것처럼 행동한다고 어른들도 아이들을 모두 포기하지는 말아주기를 바랍니다. 청개구리 심보지만, 아이들은 포기한 자신에게 다시 누군가 권면해 주기를 바랍니다. 그리고 자기처럼 포기했다가 다시 일어선, 재기한 또다른 사람들의 이야기를 궁금해합니다.

너무 전설적인 이야기들 말고, 주변에서 한때 포기해서 아무것도 안 하다가 대단한 성공은 아니지만 그래도 자신의 삶을 되찾은 작은 성공 스토리를 이야기해 주기를 바란답니다.

"늦었지만, 이렇게 하면 우리의 실망을 최소화할 수 있을 거란다."

"이 정도면 충분히 만회했다고는 말하기 어려워도, 꽤 잘 했다고는 할 수 있어."

아이들은 이런 이야기를 좋아합니다. 갑자기 너무 죽도록만 하지 않으면요. 다는 아니지만 요기 베라의 "끝날 때까지는 끝난 것이 아니다"라는 문구를 좋아하는 아이들이 은근히 많습니다.

다섯째, 잘난 척 하는 것은 도움이 안 됩니다.

아이들은 자신들의 시대에 맞는 다른 성공방식에 대해 궁금해합니다. 어른들의 시대에 성공했던 방식에 대해서는 관심이 없지요. 현재 어른들의 입장에서는 본인이 잘 살아왔고 훌륭하다고 생각할 수 있지만 아이들에게는 아무 도움이 되지 않는다고 합니다. 그래서 그 시절, 그렇게 열심히 해서 이렇게 되었다는 류의 이야기는 흔히 말하는 꼰대의 말투로 반감만 높아진다고 합니다.

아이들이 어른들에게 바라는 것은 이런 것들이었습니다. '풀꽃 담임 연수'에서 이런 내용을 강의하고, 더불어 교사들이 세대차와 더불어 요즘 아이들의 새로운 문화로 인해 얼마나 힘들 수밖에 없는지에 대해서도 이야기를 했습니다. 그 연수에 초대해 준 선생님과 담임 선생님들이 아이들과 함께 지낼 마음에 도달하기 위해 노력했고, 부모들의 심정에도 가 닿을 수 있도록 노력했습니다.

어른은 아이들이 더 잘 되기를 바라는 간절한 마음으로 자신의 방식을 주장하고, 아이들은 자신들의 세계에서 살아남기 위하여 자신들의 방식을 이야기하고 있습니다. 그 과정에서 예기치 않은 차이들과 시대의 문제, 제도 발전의 시간차, 문화를 수용하고 받아들이는 과정에서의 지체들로 인하여 갈등을 빚고 있습니다.

그렇지만 이 시대의 고통들을 잘 이해하는 어른들이 더 늘어나서 아이들의 성장 환경이 더 많이 바뀔 것이라고 생각합니다. 아이들의 고생을 공감하는 어른들이 지금보다 더욱 많이 늘어나서 아이들과 연대하여, 이 헛고생하고 헛수고하는 체계를 더 줄여나갈 것입니다. 생애 단 한번의 청소년기와 청춘기에 자신의 삶을 살면서 빛내도록 도울 것입니다.

셋, 희망을 꿈꾸는 아이들이 바라는 10가지 점화술

끝으로 아이들의 이야기로 마무리하려고 합니다. 물론 거창한 이야기는 아닙니다. 진료실에서 아이들과 나눈, 지금 삶의 고통에 대한 응급조치와 진통제, 그리고 안정제들에 관한 이야기들입니다.

산소가 있어야 불도 계속 타오르듯이, 새로운 희망의 불씨를 꺼뜨리지 않고 피우려면 아이들에게 산소가 전달되어야 합니다. 아이들의 삶이 스스로 소화가 되어야 또 장이 막히지도 않습니다. 정말 뇌가 터져버릴 지도 모르겠다는 아이들에게는 멈추게 해주어야 합니다.

그래서 그들에게 필요한 응급조치를 물었습니다. 그리고 아이들에게는 다음의 응급조치를 통한 숨통 트임이 필요합니다(하지만 이 중에는 응급조치가 아닌 대수술을 해야 하는 이야기들도 있습니다).

첫째, 그만 상처주세요!

우리가 아무것도 모른다고 생각하지 말고, 시키는대로 하라고 하지 말고, 억지로 하도록 강요하지 말아주세요. 그런 것이 우리를 수동적이고 무기력하게 만드는 일이에요. 그리고 국가나 미래를 논하면서 어른들의 이익을 추구하지 말아주세요.

지금의 수학이 우리의 핵심 역량이나 습성, 마음의 힘을 길러주나요? 지금 학교에서 적용하고 있는 입시제도가 우리의 무엇을 판별하나요?

과거의 입시제도가 실패했다는 것은 최근 국가를 파괴한 사람들이 누구인가를 보면 알게 됩니다. 가장 나쁜 사람들, 가장 이기적인 사람들이 이 입시제도의 우수생이었다는 사실이 이미 여러 가지로 증명되었습니다. 그러므로 마음대로 할 수 있다는 투로 상처주는 말이나 멋대로 하는 행동은 자중해 주세요. 멈춰주세요!

둘째, 삶의 여유와 주도성을 되돌려주세요.

친구도 만나고, 여행도 가고, 책도 읽고, 연애도 하고, 그리고 가족, 이웃, 친인척과도 부담없이 만나고 이야기 나눌 수 있게 해주세요. 사람들과

제발 함께 살아가게 해주세요.

모든 삶의 풍요를 단절하고 부모 시대처럼 궁핍하게 살아가게 하지 말아주세요. 시험이라는 전쟁 속에 살아가지 않게 해주세요.

셋째, 다양한 가능성으로 우리의 재능을 펼칠 수 있는 기회를 더 만들어 주세요.

세상은 수만 가지 직업이 있고, 각기 다른 중요성을 갖고 서로 맡은 역할을 잘하는 것이 중요하지요. 국영수 과목 잘하는, 시험 잘치는, 죽도록 문제집 잡고 있는 아이들만 뽑아 줄 세우는 불행한 제도는 이제 그만 하세요. 너무 많은 아이들을 포기하게 하지 말아주세요. 우리에게서 삶을 제거하지 말아주세요.

화가도 중요하고 시인도 중요하고 엔지니어도 중요하고 의사도 중요하고 이 모든 다양성이 삶을 풍요롭게 하지 않나요? 일찍부터 국영수 못하는 아이들은 삶을 포기하게 하는 그런 과정을 언제 그만둘 건가요?

넷째, 금지하고 통제하고 막고 못하게 하는 방식 말고 다른 방식 없나요?

제대로 알려주고 교육하고 이해할 수 있다면 그렇게 많은 아이들이 자신을 망치는 행위를 하진 않을 거예요. 성교육도 엉터리로 하다 말다 하고, 인터넷 게임, 스마트폰 사용에 대한 잔소리는 엄청 하지만 관련된 미디어 교육 한 번 제대로 받아본 적이 없어요. 죽지 말라는 생명 사랑 교육도, 술담배에 대한 교육도 형식적이에요. 성희롱, 학교폭력 등 우리에게 제대로 그런 것을 가르쳐준 적이 있나요?

시험에 나오지 않는 지식을 우습게 여기지 말아주세요. 인생을 살아가고 생활하기 위해 필요한 지식이 더 필요합니다. 그런 시간을 모두 마치 불필요한 것처럼 여기지 말아주세요. 제대로 가르쳐주는 것 없이 함부로 금지하지 말아주세요.

다섯째, 투표권을 포함하여 청소년들의 권한을 주세요.

의무만 부과하지 마시고 적어도 고등학생들에게는 투표권을 주시고, 학생들도 학교 밖 청소년들도 주체가 되어 참여할 수 있도록 해주세요. 분노하고 울분에 쩔고, 무기력하게 되는 것은 우리가 할 수 있는 것이 없기 때문입니다. 우리도 의견을 내고, 참여가 가능하고 또 권한이 있다면 그냥 자고 있지만 않을 거예요. 그 시간이 아깝다는 것을 모르는 사람은 세상에 없으니까요.

현재의 시스템에서는 그나마 학교에 나가서 자는 것도 최선입니다. 학생회, 학급회의, 모두 지금보다 더 많은 운영 권한과 회비 사용에 대한 권한을 주세요. 지역에 있는 청소년 단체 활동에도 더 많은 기회를 주세요.

여섯째, 봉사도 하고 우리가 사는 마을 일도 할 수 있게 도와주세요.

우리가 참여하면 할 수 있는 일이 더 많아지고 지역사회도 더 좋아질 거예요. 독거노인도 챙길 수 있고 장애가 있는 어르신이나 친구들도 더 도와줄 수 있어요. 의미 있는 봉사도 더 할 수 있게 해주세요. 마을의 여러 일들도 도울 수 있고, 농촌도 도울 수 있지요. 지역에 필요한 것을 가르쳐주면 그런 일들을 배워 봉사할 수도 있어요.

그저 우리 자신만을 위한 공부에 빠져 세상에 참여할 기회를 막지 말아주세요. 자신만을 위해 경쟁하는 체계를 만들어서 이기적인 인간으로 만들어놓고, 전보다 아이들이 이기적으로 변했다고 욕하지 말아주세요.

일곱째, 칭찬, 격려를 더 해주세요.

외동이 대부분인 우리들은 우리만 바라보고 있는 부모님들을 기쁘게 해야 합니다. 모두에게 칭찬해주고 소수만 칭찬받게 하는 일은 줄여주세요. 우리 모두가 잘하거나, 열심히 하거나 정말 좋아하는 일을 하는 것에 칭찬도 하고 격려도 더 해주세요.

불안 조장, 서열 조장, 협박, 비난, 이런 것은 그동안 진짜 많이 했어요. 어른들이 배운 자기계발이나 긍정심리학 같은 것, 자신에게만 적용하지 마시고 우리 아이들에게도 적용 좀 해보세요.

여덟째, 마음을 보아주세요.

우리의 행동 결과만 보고 비난하지 말아주세요. 우리는 성적을 낳는 기계도 아니고, 1등 성적표를 만들어내는 자판기도 아닙니다. 우리는 마음을 갖고 섭섭해하고 창피해하고 속상해하는 사람들입니다. 아마 어른들 만큼이나 우리 마음도 복잡하고 불안하고 힘듭니다. 세상도 그렇고, 우리가 행동하는 것이 우리가 예측하는 결과대로 되지 않습니다.

마음을 보고 의도를 보고 위로해 주시고 응원해 주세요. 더 잘하라고 하지 마세요. 차라리 쉬라고 해주세요. 우리는 몸 통증 이상으로 마음 통증이 심한 세대랍니다.

아홉째, 어른들이 먼저 행복한 삶을 살아주세요.

아이들 성적이나 취업의 결과를 놓고 자신의 행복을 따지지 말아주세요. 어른들의 성공 방정식이 안타깝습니다. 죽도록 술 마시고, 자리에 오르기 위하여 죽도록 아부하고, 패거리에 속하기 위하여 쉬지도 못하고,

한자리하면서 챙겨먹으려고 애쓰고, 그러다 과로로 죽거나 원하는 것을 갖지 못해 한을 품고 살아가는, 악에 받친 삶은 그만 사세요. 그리고 그 모든 것이 가족 혹은 아이들 때문이라고 하지 말아주세요. 우리가 시킨 것도 아니니까요.

그렇게 바쁘게 살다 보니, 만나지도 못하고 만나지 못하니까 서먹하고, 어색하니 할 말도 없고, 속으로는 가까워지고 싶지만 겉으로는 계속 멀어지기만 하다가, 결국 가족인지 친척인지 그냥 큰 의미가 없는 사람이 되고 맙니다.

열 번째, 의미 있게 시간을 쓰면서 살게 해주세요.

불필요하고 쓸데없는 헛고생, 헛수고를 조금이라도 줄여주세요. 앨빈 토플러, 피터 드러커, 유발 하라리 등 세계적인 석학들이 한국의 입시형 공부에 대하여 이미 이야기했다고 들었습니다. 또 수많은 사람들이 수억 번 이상 이야기했듯이 이런 헛고생, 헛수고하는 공부로 인생을 무의미한 축제로 만들지 말아주세요.

제발 부탁합니다. 불필요한 암기와 배배 꼬인 문제와 줄 세우기를 목적으로 하는 변별력만 뛰어난 현재의 입시제도를 한시바삐 없애주세요.

우리도 창조, 창의, 창발, 이런 용어가 들어간 활동도 하고, 고등학생이 책도 내고 중학생이 탐험도 나가고 창업도 하고 그렇게 살게 해주세요. 단 한 번인 이 인생을 허비하지 않고 살게 도와주세요.

넷, 우리 청소년들이 희망 난민이 되지 않기를

후루이치 노리토시라는 일본의 젊은 사회학자는 일본 사회의 젊은이들이 해외 봉사를 떠나거나 자원봉사를 위한 '평화의 배'에 오르는 과정을 보고 그들을 '희망 난민'이라고 불렀습니다. '난민'은 그 의미상 본인이 사는 곳을 떠날 수밖에 없는 정체성을 말하고, '희망'은 그들이 떠나서 찾으러 다니는 것이기 때문입니다.

집도, 학교도, 회사도 모두 마음 둘 곳이 아니라는 청소년과 청년들의 고백은 이들의 난민 가능성을 제시하는 심리적 조건입니다. 마음 붙일 곳 없는 상태에서 헬조선, 흙수저의 한국에서 희망이 없다고 느낄 때, 우리의 청소년과 청년들이 떠나기 시작할 것이고, 떠돌기 시작할 것입니다.

간혹 신문이나 방송에서 한국을 떠나 유럽이나 미국에 정착해서 지내는 젊은이들이나 젊은 부부의 소식을 다룰 때가 있습니다. 저녁 시간이 생겨서, 갑질을 안 당해서, 합리적이어서 좋다며 여러 외국 생활의 장점을 말하기도 하고, 결국 이방인 취급을 받고 그 사회에 깊숙이 섞여 들어가기는 어렵다고도 합니다.

우리의 젊은이들이 난민이 되지 않도록, 즉 마음도, 몸도 이 땅에 발을 붙일 수 있도록 해야 할 책무가 우리 어른들에게 있습니다. 그들이 희망을 갖고 이 땅에 정착해서 새로운 사회발전의 모델을 함께 만들어 가는 전환이 있기를 바랍니다.

한 번이라도 더 아이들의 이야기를 듣겠습니다

2016년 6월 『무기력의 비밀』 이후 새로 책이 나오기까지 오랜 시간이 걸렸습니다. 고민이 많았던 시기입니다. 반쯤은 시국 문제 등으로 인하여 마음이 아프고 힘들었고, 반쯤은 제 인생의 진로와 과업 때문에 복잡했습니다.

이 책을 쓰면서도 마음이 아팠습니다. 『무기력의 비밀』을 쓸 때와는 또 다르게 힘들었습니다. 감정이 격해질 때가 많았고 또 쓰기 싫을 때도 많았습니다. 참고문헌들을 읽으면서 절망이 깊어지기도 했습니다. 책에서 읽은 미래의 이야기 중 불행한 쪽의 이야기들이 우리의 현실과 맞아떨어져서 괴로웠던 것입니다.

그래도 아이들, 교사들, 또 몇 권의 책에 힘입어 '희망'이라는 말을 다시 떠올리고, 저부터 다시 일어나서 '분투'하자는 결의를 가지고 이 책을 썼습니다. 분노, 울분, 무기력에 빠진 새 세대들에게 아이들과 어른들의 연대로 희망을 만들어서 헤쳐나가는 것 외에는 길이 없다는 것을 다시 깨닫습니다. 이 책이 끝나면, 실천을 조금이라도 늘려서 한 번이라도 더 거리에 나가 함께할 일을 찾거나 혹은 글을 쓰거나 아이들을 만나 이야기를 듣도록 하겠습니다.

제게 아이들의 고생과 힘듦에 대해 사회구조적으로 냉철하게 이해하고 비평할 능력은 없습니다. 다만 진료실에서의 경험을 중심으로 부족한 글들을 엮었습니다(여기 있는 이야기들은 아이들이 파편적으로 던진 말들, 아이들이 한 말들의 재구성, 그리고 여러 이야기의 혼합과 일부 창작 등으로 이루어져 있습니다. 한 아이의 정체성이 드러날 소재는 채택하지 않으려 했습니다).

여러 대안에 대한 갈증이 있는 분들에게 이론에 기반한 더 좋은 글을 전해드릴 수 없어 안타깝습니다. 아이들과의 대화를 바탕으로 지금 현재 아이들이 바라는 바를 전달하는 것 외의 여력과 내공이 없다는 것을 고백합니다. 앞으로 정진해서 보다 넓고 깊은 글도 도전해 보겠습니다.

여러 선생님과 부모님께 감사를 전합니다. 가족과 별, 스칼, 아자라마 식구들, 관심단, 참통, 시정연 포함하여 새로 시작한 라캉 모임 등, 저와 함께 시간 속에 들어가 작업하고 있는 모든 분들께 감사를 전합니다.

끝으로 이 책에 대한 계약은 2015년 11월에 했습니다. 약속을 어기고 어겨, 거의 4년 만에 책을 내는 셈입니다. 수행자 같은 해님 박신애 팀장님과 부주지 스님 같은 이혜진 주간님께 큰 감사와 고마움을 전합니다. 사실 이런 말로는 고마움을 다 전하기에 부족합니다. 또 송영석 사장님께도 고마움을 전합니다. 나중에 출판사를 차린다면 작가들을 어떻게 만나야 하는지 이번 기회에 배우게 된 것 같습니다.

부디 이 졸저가 아이들을 이해하고자 애쓰는 선생님들, 부모님들, 그리고 청소년 관련 활동가를 포함한 여러 분야의 분들에게 일말의 도움이 되기를 바랍니다.

2019년 3월

김현수

한국은
심리적 위험사회의
증거이다

*** 다음 글은《지식의 지평》24호 기획 특집 '우리 사회는 얼마나 위험한가?'에 게재되었던, 제
가 쓴 글입니다. 당시 한국사회의 위험성에 관한 주제로 열린 지상 논평에 제출했던 자료로,
아이들이 힘들게 사는 사회적 배경을 이해하는 데 도움이 될 것 같아 대우재단의 허락을 얻
고 게재합니다.

들어가는 말

진단받는 정신장애가 늘어나는 것이 위험한 문제는 아닙니다. 질병에 대한 치료법이 확립되어 있고 잘 치료하면 병이란 낫게 마련입니다. 진단할 수 없거나, 확립된 치료법이 없거나 치료할 수 없다면 문제가 커집니다. 미국도, 우리나라도 정신 질환의 유병률은 25퍼센트로 네 명 중 한 명이 정신 질환이 발병하며, 양상은 조금씩 다르지만 이제 정신 질환은 희귀 질환이 아니라 일상적인 질환이 되었습니다.[1]

실제로 위험사회는 정신장애 자체가 아니라 우리의 심리적이고 정신적인 문제와 그 문제를 해결할 수 없는 시스템에서 비롯합니다. 이 글에서는 현재 우리가 해결하지 못하는 사회적 문제들이 위험사회에 대한 중요 지표임을 재진단합니다.

1. 심리적 위험사회의 제1 지표: 자살 사회

한국 사회는 자살이라는 심각한 문제가 있는 심리적 위험사회입니다. 한국 사회는 죽고 싶은 마음을 참고 살아가는 위험사회입니다. OECD 국가 중 자살률이 14년째 계속 1위라는 사실이 위험사회의 증거입니다. 그런데 높은 자살률에도 불구하고 정부는 그동안 미봉적 대책을 세우는 데 그쳤습니다.

---

1) '성인 4명 중 1명 정신 질환 경험… 정신과 상담 고작 22%', 《중앙일보》, 2017년 4월 12일

그렇다면 한국에서 자살은 얼마나 심각한 문제일까요? 한국인 사망 원인 통계에서 자살로 사망하는 사람의 수가 2011년 이후 줄곧 4~5위를 차지합니다. 자살이 주요 사망 원인 5위 안에 드는 사회는 많지 않습니다.

몇 년 전 해당 부서 차관이 말했듯이 지난 몇 년 간 자살로 사망한 시민의 수를 합하면 시리아, 아프가니스탄 등의 내전 사망자 수보다 많습니다. 2003년 1만 명이 처음으로 넘어선 이후 해마다 1만 3,000~1만 5,000명이 자살로 사망했습니다. 급기야 10만 명당 자살 수가 30명을 넘어선 2011년에 들어서야 정부는 자살 예방법을 제정하고 대책을 세우는 제스처를 보였습니다.

자살이 우리 사회의 위험신호이지만, 이 죽음의 신호에 대해 의무적 방어만 하는 정부도 위험사회의 중요한 증거입니다. 우리나라 자살예방 예산의 규모는 사실 서울 시내 건물 한 채 값 즉 5백억 원에도 못 미쳐 왔습니다. 국제기구에서조차 자살 사망에 대한 한국 정부와 한국 사람의 무관심에 놀랐습니다.

그렇다면 우리 한국인이 자살을 특별히 많이 하는 이유를 어디에서 찾아야 하는 것일까요? 가장 소중한 생명을 무엇이 어떻게 위협하는 것일까요? 문제는 이것도 우리가 제대로 모른다는 사실입니다.

첫째, 빈곤층이 더 많이 자살할까요? 경제적 시련의 파도가 사회를 덮칠 때마다 자살이 조금씩 늘어난 것은 사실이지만, 자살이 반드시 빈부의 차이 때문에 일어나지는 않습니다. 자살자 대부분이 빈곤층은 아닙니다.

둘째, 자살자 중에 노인이 차지하는 비중이 매우 높습니다. 노인 자살률만 떨어져도 자살률이 많이 감소합니다. 한국 사회에서 노인이 되는 것은 위험 요인일까요?

노인 자살의 환경으로 빈곤, 질병, 고독이라는 3대 거시적 요인을 제시하는데, 이 세 가지가 어떻게 작용하는지 더 연구해야 합니다. 실제 자살자 가운데 50대 남성이 압도적으로 많은데, 50대 남성에 대해 전수조사를 하여 그중 독거인에게 돌봄을 제공한다는 지자체도 있었습니다.

한국에서는 빈부보다 노인이 더 큰 위험 요인이라고 하는 것은 근거가 있는 견해입니다. 자살률이 높던 다른 나라들 중 핀란드는 전 연령대에서 자살률이 높았습니다. 우리처럼 노인의 자살률이 압도적으로 높지는 않았습니다.[2]

셋째, 자살 수단이나 질병이 자살의 중요요인이라 생각하여 언론 보도나 번개탄과 같은 자살 수단을 관리하는 방법 등을 바꾸어서 자살률을 낮추려고 했습니다. 정신과 의사들은 흔히 핀란드를 비롯한 국제적 의료계의 주장대로 사람들이 자살 직전에 우울증이라는 통로를 반드시 통과하므로 이 우울증을 치료하면 자살을 낮출 수 있다고 주장합니다.

과거에 자살률이 가장 높던 국가들의 대책과 노력은 다양합니다. 즉 한두 가지 핵심 정책으로 높은 자살률을 내리지는 못했습니다. 한국에서 '생명사람 지킴이'라고 불리는 게이트키퍼 조직, 핫라인 구축, 우울증 치료 대책, 사회적 지지 재구축, 자살 수단과 언론 보도에 대한 통제

---

2) '대한민국, 스스로 죽음을 선택하는 사람들-데이터로 보는 대한민국 자살', 《뉴스젤리》, 2016년 1월 12일

대책 등 각 나라마다 종합적 대책을 시도하여 자살률이 어느 정도 내려간 뒤 더 오르지 않으면 성공했다고 평가했습니다.

사람들은 핀란드를 자살 예방 정책의 모범 국가로 여겨 자주 견학하고 방문합니다. 핀란드는 1980년대 자살률 1위를 하던 국가인데, 그 비극을 해결하기 위해 당시 마우노 코이비스토 대통령이 전수조사를 과감하게 결정하고 지금 우리나라 1년 예산보다 많은 돈을 들이기로 결정했습니다(핀란드 인구는 서울보다 적은 600만 명이며, 최고 자살자 수가 2,000명 이하였음). 핀란드는 그 과정에서 자살 유가족을 성심껏 만났고, 자살의 이유를 밝히려는 노력을 사회적으로 공유했습니다.

우리는 지금도 자살자의 수나 지역만 알지 그 내막은 막연하게 추측할 뿐입니다. 그런 가운데서 우리는 늘 죽고 싶은 마음이라는 칼을 가슴 안에 품고 다닙니다.

2. 심리적 위험사회의 제2 지표: 고립 사회

한국 사회는 시간이 갈수록 구성원들의 고립이 증가하는 심리적 위험사회입니다. 또 외롭고 고독한 마음을 참고 살아가는 위험사회입니다. 한국 사람들은 모두 자수성가, 각자도생의 길에 들어서서 살고 있는 형국입니다. 이는 OECD의 사회 통합 지표가 말해 주고 있습니다.[3]

---

3) '한국인 삶이 만족도, 또 최하위권… "날 도와줄 사람, 아무도 없소?", 《조선닷컴》, 2015년 10월 19일

한국은 2015년 OECD 사회 통합 지표 조사에서 '사회적 관계(사회적 지원망)' 부문에서 10점 만점 중 0.2점을 받았습니다. 또 '어려울 때 기댈 사람이 있느냐'는 질문에 그렇다고 대답한 사람은 전체의 72.4퍼센트로 조사 대상인 OECD 34개 회원국 중 가장 적었다고 합니다. 나머지 27.6퍼센트는 도움을 줄 사람이 없다고 대답했습니다. 시민 네 사람 중 한 사람 이상이 곤경에 처해도 주변에서 도와줄 가족이나 친구가 없고 도움을 요청할 수 없는 완전히 고립된 상태에 있는 셈입니다.

더 심각한 것은 나이가 들수록 보호와 지지가 필요하지만, 통계를 보면 나이가 들수록 고립은 더 심해지는 것입니다. 한국은 다시 한 번 노인이 위험해지는 사회입니다. 노인을 돕지도 않고, 찾지도 않는 사회입니다.

우스갯소리로 아이들이 할아버지, 할머니를 만나러 가지 않기 때문에 중간고사, 기말고사가 없어져야 한다는 주장도 있습니다. 2학기 중간고사가 추석 뒤에 있으면 민족의 대명절이라는 추석에도 아이들은 조부모를 만나러 가지 않습니다. 돈과 성적은 노인보다 가치가 훨씬 더 높습니다.

1인 가구가 늘고 그런 이들의 생활양식이 퍼지고 있습니다. 1인의 죽음, 고독사는 연령 구분 없이 찾아올 수 있습니다. 언론에 보도된 것만 해도 한두 건이 아닙니다. 젊은이의 고독사, 젊은 아빠와 아기의 죽음, 세 모녀 죽음, 두 모녀 죽음 등 이런 사건은 정신적 충격을 주었습니다. 영국 정부가 외로움 장관을 두기로 결정한 것은 흥미로운 이야깃거리 이상의 의미가 있습니다.

살을 맞대고 살던 시절은 이제 완전히 잊히고, 혼자 살고, 혼자 밥 먹고, 혼자 걱정하고, 혼자 죽어가는 이들의 세계가 한국을 빠르게 덮치고 있습니다. 절단 난 심리적 유대감을 지니고 살아가는 사람들, 찾지 않는 사람들, 찾아나서지 않는 사람들, 도움을 청하지 않는 사람들, 도움을 줄 사회적 창구를 못 찾는 사람들, 도움을 받을 수도 없는 사각지대에 있는 사람들.

서울의 관악구는 전체 인구 중 45퍼센트가 1인 가구라고 합니다. 이런 곳이 세상에 있다는 것이 기록될 만한 일입니다. 이것은 인간의 생존과 관련된 관계적 본성을 거스르는 일입니다. 인간의 발달에서 생명력이 생기는 근원은 관계에 대한 욕망이라고 했고, 애착 대상 찾기가 본능이라고 많은 의사, 심리학자, 발달학자들이 이야기를 해왔습니다. 그럼에도 불구하고 혼자 사는 사람들이 우글거리고 있습니다.

이런 사람들의 냄새를 가장 잘 맡는 감각 왕은 아무래도 장사를 하는 사람들인 것 같습니다. 혼족을 위한 상품은 나오는데 혼족을 위한 정책은 없습니다. 국가보다 기업이나 개인이 빠른 것은 어쩔 수 없는 일일까요?

'혼자'들의 세상이 지속되는 것은 기존 이론들에 따르면 또다른 우려가 높아질 수밖에 없는 세상입니다. 사람들 간의 깊은 교류가 단절되면, 언어와 의사소통을 공유할 수 있는 마음과 문화의 폭이 줄어들 수 있기 때문입니다.

그렇다면 왜 우리는 이렇게 혼자가 되기 쉬운 세상으로 더 깊숙이 들어가고 있을까요? 이에 대한 사회적 답은 무엇일까요? 이것도 뚜렷한 답은 없습니다. 다양한 예측과 경향, 각자의 답이 있을 뿐입니다.

'10년 동안 직장 생활을 하면서 조용히 살던 사람이 어느 날 끔찍한 사건에 연루되어 조사해 보니 인터넷에서는 이런 사람이고, 오프라인에서는 저런 사람인데, 왜 그랬는지는 알 수 없습니다. 그가 전방위적으로 깊게 관계를 맺고 지내온 사람이 없기 때문에 조사할 대상 자체가 없습니다.

부모는 따로 산 지 오래되었는데 아버지는 죽었으며 어머니는 치매 환자이고, 형제는 먼 곳에 살아서 안 본 지 오래되었다고 합니다. 유일한 자료인 컴퓨터는 파괴되어 자료를 되살릴 수 없습니다. 오직 그를 각기 다른 모습으로 만나서 깊이 있게 알지 못하는 사람들의 파편적이 증언뿐입니다. 그 사람도 자신에 대해서 잘 모른다고 합니다. 프로파일러나 정신과 의사도 이 증언들로 그 사람의 심층적 심리를 이해할 수 없습니다.'

이런 보고는 영화 속에 나온 가상이 아니라, 실제 어떤 사건의 수사 과정에서 벌어진 현실입니다. 그러므로 현대 한국 사회의 가장 큰 위험 중 하나는 혼자가 되는 사람이 점차 늘고 그 혼자인 사람이 누군지 자신도 모르고 옆에 있는 사람도 모르는 사회가 되어간다는 점입니다.

3. 심리적 위험사회의 제3 지표: 중독 사회

한국 사회는 중독이나 일에 대한 강박적인 집착으로 인해 심리적으로 위험한 사회입니다. 우리는 늘 어떤 것에 빠져 있습니다. 공부, 일, 술, 승진, 돈 등에 중독되어 자신이 어떻게 살아가는지 모르다가 노인이 되고 병치레하다 죽는 사회입니다.

한국은 사람들이 무엇을 열심히 중독적으로 해야 잘 산다고 평가하는 나라이기도 합니다. 여가 중에 하는 취미도 중독, 여행도 중독이며, 여행도 여행만 다니면 안 되고, 블로그와 페이스북에 인증 사진을 올리며 부지런히 조회수를 확인해야 합니다.

스마트폰, 인터넷 게임, 도박, 알코올, 공부, 일로 가득 찬 시간 때문에 쉴 시간이 없습니다. 노동시간도 좀처럼 줄어들지 않습니다.[4] 멕시코와 한국이 OECD 국가 중 노동시간 1위를 놓고 다툼을 합니다. 두 국가는 연간 2천 시간을 넘게 일합니다. 주5일제가 시행된 뒤로도 형태가 바뀐 다른 다양한 일 때문에 쉬는 문화가 자리 잡기 힘듭니다.

또 여행, 운동, 주말 텃밭 가꾸기와 같은 여가형 주말 활동이 흔히 다시 주말에 하는 일로 바뀝니다. 그런 모임에서 회장이나 총무라도 맡으면 주중에도 바빠지게 됩니다. 본업 외에 부업이 생긴 셈이 되어버리는 것이지요.

한국에는 쉼 문화의 정체성이 없습니다. 쉰다고 하고 술 마시고, 쉰다고 하고 강박적으로 일하고, 쉰다고 하고 블로그를 하고, 쉰다고 하고 게임을 밤새워 합니다. 근대화하는 과정에서 한국 사람들의 유전자에서 쉼 유전자가 사라진 것일까요?

매우 불행한 사실은 이 쉼 없는 삶이 점차 더 일찍 시작된다는 것입니다. 태교는 태아에게 제안하는 노동이 되고, 양육도 영재 훈련 노동이 되어버린 집이 있습니다.[5] 사교육이라는 활동을 2.6세에 시작합니다. 다른 시각으로 보면 놀이라는 허울을 쓴 이 두뇌 개발 활동이 1800년대 똥오줌 가리면 공장에 보내 일을 시키던 근대 산업혁명기 아동학대의

---

4), 5) '韓 노동시간 OECD 2위… 獨보다 넉달 더 일하고 임금은 70%', 《연합뉴스》, 2017년 8월 16일

변형이라고 하는 것은 너무 비약일까요?

초등학생이 대학생보다 공부를 더 많이 한다는 시간적 통계의 결과는 아동기 생활에 대한 많은 시사점을 줍니다. '아동기에 들판에서 뛰놀고, 수평선, 지평선을 바라보며 꿈을 키우고, 강과 바다로 나간다.' 이것은 동화나 만화에 나오는 이야기입니다.

지금의 초등학생들은 책으로 가득 찬 배낭을 메고 학교와 학원을 오가며 잠시 틈이 나면 편의점, 여유가 조금 더 있으면 지하 쇼핑몰에서 시간을 보내고, 대형 영화관들에서 할리우드 마블과 디시의 싸움을 보면서 자랍니다. 그리고 쓴웃음을 지으며 다시 문제집들의 산과 바다로 돌아갑니다.

그러다 문제집의 정글에서, 성적 평가의 무대에서 뒤처지거나 지치거나 폭발하면, 또 도저히 이 경쟁에서 이기지 못할 것 같다는 생각이 들면 하나둘씩 자폭 테러를 하고, 무뇌아, 무기력, 껨충, 포기한 아이로 취급되는 그 범주로 자신을 재배치합니다.

그리고 구박과 미움에 대비하는 다른 테러를 간간히 집에서, 학교에서 시행하면서 게임이나 웹툰, 웹소설로 도망가서 어른이 되기를 두려워하며 시간을 죽입니다. 많은 부모 역시 '노는 꼴'을 보는 것에 대한 알레르기 있는 사람처럼 아이들이 '놀 때'마다 증상이 악화되어 비관하고 괴로워합니다. 이것이 우리의 쉼 없는 중독 사회의 일면입니다.

회사에 취업하면, 업무, 승진, 골프, 회식, 연수라는 한국 사회의 거대한 비공식 커리큘럼에 올라타서 퇴직할 때까지 그 회로 안에 붙잡혀 병이 나기도 합니다. 그 회로에서 빠져나와 건강이라는 다른 회로에 올라타서 산악, 사이클, 배드민턴, 골프라는 친목회 트랙에서 운동과 친교를 하면서 생명을 부지합니다.

이 트랙에 올라탈 경제적 안정성이 없으면 온갖 부정기, 불안정, 일용직 노동에 잡혀 육체가 기능을 할 때까지 최대한 노동하다가 결국 부상당하거나 병이 나면 시름시름 병을 앓다 죽습니다.

자녀가 맞벌이를 하면 여성들은 손주를 돌보는 육아 노동에 다시 매여 노년의 삶은 없고, 자녀들에게 시대에 뒤떨어진 노동을 한다는 구박을 받기도 하면서 지내야 합니다. 남성은 여성보다 더 빠르게 쓸모가 없어지며, 흔히 가정을 배려하지 못하고 사라져야 할 대상으로 지목됩니다. 그래서 노인기에 들어서면 남성들은 자신이 세상의 짐이라는 생각에 더 시달리고 삶에 대한 가치를 더 잃게 됩니다.

한마디로 충분하게 자신을 다 써 버려서 망가지거나 쓸모없는 상태가 되면 죽는 생애를 살아가고 있습니다. 이렇게 사는 것이 그저 인간의 값어치를 다하는 삶이라는 집단의식, 집단 무의식이 지금의 부모 세대를 장악하고 있습니다.

'희생과 헌신'이라는 명목하에 쉼 없는 삶을 최선이라고 여기는 문화가 어느 세대까지 전수될까요? 그렇지 않으면 다른 삶이란 도대체 무엇일까요? 공부에 중독되고, 돈에 중독되고, 자식에 중독되고, 그러다 죽는 것이 삶이지, 다른 어떤 삶이 있다는 말일까요?

이런 기초적 사고 유형은 빈부에 따른 차이가 크게 없는 보편적인 것이라 추측됩니다.

이런 심리적 위험에 대한 담론은 사회의식 속에서 현재 갈등하는 상태에 있는 것으로 보입니다. 때로 이 삶의 의미에 관한 담론은 좌우 이념론까지 끼어들어 논의가 쉽지 않습니다.

기존 사회의 지배 집단은 이런 심리적 위험에 대해서는 무지하거나 양보할 의지가 전혀 없어 보입니다. 대기업들의 횡포나 갑질, 전근대적 운영을 보면 여전히 자신들의 이익 외에는 관심이 없는 것 같습니다. 그리고 대기업 외의 다른 산업적 기반이 부족한 한국 사회는 대적할 세력이 여전히 부족해 보입니다.

이런 상태가 지속되면 한국 사회가 유럽적·미국적 행복을 추구하기는 쉽지 않아 보입니다. 많은 시민이 공부, 일, 술, 강박적 집착, 다 망했다는 자학적 의식에 취해서, 즉 중독되어서 지내야 합니다. 우리의 또다른 심리적 위험은 일중독 외에 다른 가치를 잘 모르고 산다는 것입니다.

4. 심리적 위험사회의 제4 지표: 초저출생 사회

한국 사회는 민족을 보존할 수 없는 위기에 처한 심리적 위험사회이다. 한국 사회는 젊은 남녀가 사랑하는 것조차 부담을 느끼고, 또 사랑해도 출산 본능을 억누르거나 조절하는 사회입니다. 보통 사람들이 그저 평범하게 아이를 낳고 사는 것 자체가 너무 힘들다고 느끼는 아주 어려운 사회에 진입해 버렸습니다. 그들은 우리 사회에 대해 밝은 전망이나 희망을 느끼기 어렵다고 합니다.

젊은이들이 한국은 아이를 낳고 살기 힘든 사회라고 판단하는 이유는 널리 알려졌듯이 크게 세 가지입니다. 첫째, 아이 키우기 힘든 나라라는 것, 둘째, 평등하게 살기 힘든 나라에서 큰 격차 속에 상대적 박탈감과 온갖 갑질을 겪으며 살아야 한다는 것, 셋째, 죽도록 일하던 부모의 모습에서 행복을 발견할 수 없었을 뿐 아니라 본인도 행복하게 살아갈 자신이 별로 없다는 것입니다.

전 세계 224개 국가 중 한국의 출산율은 220위입니다.[6] 대만, 홍콩, 싱가포르가 우리보다 낮은 출산율을 보이는 나라 혹은 도시인데, 이들의 문제들을 우리도 비슷하게 겪고 있습니다.[7] 즉 자녀 교육에 대한 부담과 비용은 높고, 비싸진 주거 비용으로 인해 자신이 살던 동네에서 주거를 유지하는 것이 부모의 도움 없이는 어렵거나 아니면 아주 좋은 직장의 월급으로만 가능하고, 경쟁에 기초를 둔 사회의 각박함이 전보다 심합니다.

홍콩과 대만은 중국 문제로, 싱가포르는 좁은 국토와 지정학적 불안 등으로 인해 미래가 불안하다고 느낍니다. 또 문화적·제도적 지원 등의 차원에서 아시아 여성은 일과 가정을 양립하기가 더 어렵고, 남성의 육아와 가사에 대한 노동 참여가 낮기 때문에 출산이 줄 부담에 대해 여성들이 매우 두려워 한다는 공통점도 있다고 합니다.

이러한 아이 없는 사회를 바꾸기 위해 10년 전부터 저출산 대책을 세워 실천하고 있으며 이 과정에서 무려 80조 원에 이르는 예산이 들었다고 합니다. 하지만 출산율은 오르지 않았습니다.

우리나라를 방문한 스웨덴의 한스 로슬링이라는 학자는 페미니즘이 한국을 구할 것이라고 했습니다.[8] 만일 우리가 창의적으로 접근하여 출

---

6) '2015 출산율도 세계 220위 한국을 구원하려면?', 《SBS》, 2015년 10월 6일
7) '韓 노동시간 OECD 2위… 獨보다 넉달 더 일하고 임금은 70%', 《연합뉴스》, 2017년 8월 16일
8) '저출산, 인구정책만으론 한계… 페미니즘 통한 양성평등이 해법', 《경향비즈》, 2015년 10월 4일

산을 장려할 수 있는 효과적인 정책을 세우는 데 실패한다면 우리는 가장 먼저 지구상에서 사라지는 민족이 될 것이라는 경고를 받았습니다.

한국은 아기가 없는 마을이 도처에 있고 아이의 울음소리를 녹음하여 듣는 지구상 첫 번째 민족이 될 수도 있습니다. 우리는 멸종할 위험에 처한 셈입니다.

5. 심리적 위험사회의 제5 지표: 희망 부재 사회

한국 사회는 희망이 없는 위험사회입니다. 지금까지 말한 네 가지 지표만으로도 한국 사회는 충분히 살기 쉽지 않은 사회입니다. 그런데 많은 사람들이 이 땅에서는 희망 자체를 품기가 힘들다고 호소합니다. 그래서 이 희망 없는 사회에 대한 대처 방안 중 하나가 조국을 등지는 것입니다.

다수 국민이 자신의 조국인 한국에서 벗어나고 싶어 합니다. 시장조사 전문 기업인 트렌드모니터의 2015년 조사에 따르면, 이민을 생각해 보았다는 사람이 열 명 중 일곱 명에 육박합니다.[9] 20대부터 50대까지 50퍼센트가 넘는 사람들이 이민을 생각해 본 적이 있다고 합니다. 연령이 높을수록 이민에 대한 고민이 줄어들었지만, 20대는 열 명 중 일곱 명이 이민을 생각해 본 적이 있다고 합니다.

희망 없는 세대의 사회가 어떻게 진화할지는 알 수 없습니다. 표류하

---

9) '희망이 없는 대한민국 10명 중 6명 "기회만 있다면 언제든지 이민"', 속빈갈대, 2015년 3월 5일

는 삶이 어디에 가 닿을지 알 수 없습니다. 그런데 조금 더 적극적인 세대원들은 표류하지 않고 이 사회를 떠나 다른 곳에 이주하기로 결정합니다.

구성원들이 여기에서는 발견할 수 없는 희망을 찾아 떠나면서 우리 사회는 붕괴의 그늘이 서서히 커지고 있습니다. 주로 20대와 30대가 유럽으로 가서 일자리를 구하는 것이 붐입니다.[10] 한국의 생활양식이 싫기 때문에 떠나는 이 젊은이들은 자신의 삶을 찾아서 떠나는 것에 대해 갈등을 느끼기는 하지만 이곳에서는 더이상 희망을 찾을 수가 없다고 합니다.

이렇게 희망을 찾아 떠나는 젊은이를 일본의 젊은 사회학자 노리토시는 '희망 난민'이라고 불렀습니다.[11] 우리나라의 많은 젊은이들도 희망을 찾아 떠도는 '희망 난민'이 되어 유랑을 다닌 지 오래입니다.

일부 젊은이들은 망할 가능성이 가장 낮다고 보는 국가 공무원에 안착하기 위해 애씁니다. 실제로 본인이 살아오는 동안 가장 익숙한 활동인 문제풀기를 통해 목표에 도달할 수 있다는 희망을 품습니다. 하지만 그 일부를 제외하고 다른 청년들은 과연 어디로 가야 할까요? 희망을 찾는 새로운 사회적 기제는 아직 오리무중입니다. 그래서 우리 사회에서 희망을 잃은 자들이 늘어나면 더욱 위험한 사회가 될 것입니다.

'흙수저, 헬조선론'은 단지 어느 기자나 학자가 말장난하려고 만들어낸 용어가 아니라 얼굴 없는 다수의 네티즌 문화 속에서 정교하게 가

---

10) "'한국 떠날래요' 이민계(契) 드는 20대 청춘들"《매일경제》, 2015년 4월 8일
11) 『희망난민』, 후루이치 노리토시, 혼다 유키 지음, 이언숙 옮김, 민음사(2016)

공된, 우리 문화 안에 깊숙이 밴 사회적 표제어라고 생각합니다. 그렇다면 어떻게 해야 이 사회를 희망의 사회로 바꾸어 대탈출을 멈추고 행복하게 살아갈 수 있을까요? 불가능한 바람일까요?

나가는 말

양육 불안정 속에서 아이들이 자라면 아동기 부정적 경험은 늘어납니다. 또 스트레스 가득 받고, 산후 우울증을 경험하는 산모가 늘면 뇌에 미세한 이상을 일으키는 정서 행동적 문제를 지닌 아이들의 출생도 늘어납니다. 이것도 큰 위험입니다.

미국 질병통제관리본부에서는 한 민간기관에서 시작한 연구를 적극적으로 받아들여 확대해 왔습니다. ACE(Adverse Childhood Experiences) 연구에 따르면 가장 위험한 것은 아동기 학대와 방임입니다.[12] 이 아동기 학대와 방임의 횟수와 정도에 따라 위험이 커집니다. 노벨상에 근접한 연구라는 평을 듣는다고 합니다.

우리는 여전히 이런 문제가 가장 중대하다고 사회적으로 합의하지 못했습니다. 한국 사회의 가장 큰 위험은 자살, 학대, 고립 등 삶의 중요한 위협을 도외시하고 4대강 개발, 새 관공서 짓기처럼 외양에 돈을 펑펑 써 대는 낡은 의식입니다.

또 마음을 다치는 것이 신체를 다치는 것과 다를 바 없다는 인식 없

---

12) 'Adverse Childhood Experiences(ACEs)', CDC, 2016년 4월 1일

이, 자살 예방 예산을 포함해 정신 건강에 관한 예산을 삭감해온 정치인, 관료야말로 가장 큰 위협입니다. 저출산을 페미니즘으로 해결해야 한다는 학자의 말을 듣고 '웃기는 소리'라고 하며 넘기는 그 의식이 80조 원 예산을 낭비하게 한 위험요소입니다.

끝으로 심장병과 뇌졸중 자체를 위험이라고 하지 않듯이 정신 질환이 위험이라고 하는 나라는 없습니다. 하지만 편견과 선입견, 무지는 사회적 위험이라는 데 모두 동의합니다.

참고문헌

『감정이 중요해』 마이클 아이건 지음, 이재훈 번역, 한국심리치료연구소 (2011)

『대상의 그림자』 크리스토퍼 볼라스 지음, 이재훈, 이효숙 번역, 한국심리치료연구소 (2010)

『무기력의 비밀』 김현수 지음, 에듀니티 (2016)

『배부른 나라의 우울한 사람들』 가타다 다마미 지음, 전경아 번역, 웅진지식하우스 (2016)

『애착교실』 루이스 코졸리노 지음, 서영조 번역, 해냄 (2017)

『인정투쟁』 악셀 호네트 지음, 문성훈 이현재 번역, 사월의책 (1996)

『우리는 어떻게 괴물이 되어가는가』 파울 페르하에허 지음, 장혜경 번역, 반비 (2015)

『1984』 조지 오웰 지음, 박경서 번역, 열린 책들 (2009)

『절망의 나라의 행복한 젊은이들』 후루이치 노리토시 지음, 이언숙 번역, 민음사 (2014)

『철부지 사회』 가타다 다마미 지음, 오근영 번역, 이마 (2010)

『프리덤 라이터스 다이어리』 에린 그루엘 지음, 김태훈 번역, 알에이치코리아 (2007)

『희망 난민』 후루이치 노리토시 지음, 이언숙 번역, 민음사 (2010)

『희망의 나라로 엑소더스』 무라카미 류 지음, 양억관 번역, 이상북스 (2011)

요즘 아이들 마음고생의 비밀

초판 1쇄 2019년 4월 8일
초판 17쇄 2024년 12월 15일

지은이 | 김현수
펴낸이 | 송영석

주간 | 이혜진
편집장 | 박신애 **기획편집** | 최예은 · 조아혜
디자인 | 박윤정 · 유보람
마케팅 | 김유종 · 한승민
관리 | 송우석 · 전지연 · 채경민

펴낸곳 | (株)해냄출판사
등록번호 | 제10-229호
등록일자 | 1988년 5월 11일(설립일자 | 1983년 6월 24일)

04042 서울시 마포구 잔다리로 30 해냄빌딩 5 · 6층
대표전화 | 326-1600 **팩스** | 326-1624
홈페이지 | www.hainaim.com

ISBN 978-89-6574-680-5